まなび 愛 ひたむきに

私の歩んだこの道

市吉　澄枝

著者　近影

※表紙・本扉題字　市吉澄枝
※表紙の絵は、一九四八年八月三〇日に丸木俊氏が著者を描いたクロッキー

家族とともに幸せな子供時代

母、安江千鶴

生まれた時から仲良しの兄妹
澄枝 1 歳、淳 7 歳

立川飛行場にて、初めて飛行機で空を飛んだ
（後列右端、祖母・橋本貞尾、前列右端、澄枝）

長崎税関長官舎にて
母と（8 歳）

少女時代（7 歳）

社会に目覚め始めた少女時代

お見合い写真（19 歳）

1941 年 1 月 1 日　17 歳

左・安江ときと澄枝

入営前の兄と
（後列左から兄・淳、澄枝、
前列左から祖母・とき、父・好治）

戦争の流れに抗って

1943年　20歳

父の再婚　1944年（昭和19年）5月2日
（前列左から好治、寿子、とき
後列左から〈軍服姿〉兄・淳、澄枝）

初恋の人の写真として大事に持ち歩いていた
庸浩（後列左から2人目）、淳（前列右端）と社会科学研究会の友人たち

兄とスキーに（左から、北代省三
〈母・千鶴の従弟〉、省三の友人、淳、澄枝）

新たな家族とともに

杉並区馬橋の市吉家にて、結婚式

安子、3 歳

1968 年 4 月
安子高校、伸行中学入学

1964 年 11 月 8 日家族旅行

2013 年 5 月 26 日　荻窪・東信閣にて 市吉家親戚会
（卒寿の集い）前列左から５ 人目、清高（元一）、６ 人目澄枝

まなび 愛 ひたむきに

私の歩んだこの道

目次

＊組版・久留島郷平
＊装幀・アベル社

まえがき

私は一九二三年（大正一二年）生まれですので、二〇一三年で九〇歳になりました。義弟の元一さんも同年、同月生まれなので二人の卒寿を祝って、荻窪「東信閣」で親戚が二八名も集まってお祝いして下さいました。感謝、感激してご挨拶にマイクを持ったものの、戦中戦後を生き抜いた九〇年はあまりにも波乱に富み、一言二言ではお伝えできないことに気づきました。多分しどろもどろで終ったと思います。

でも後で考えると、私の過ごした青春時代は、若い人達の知る由もない万世一系の天皇、「神聖にして侵すべからず」と規定された天皇が元首で国を統治するという「大日本帝国憲法」の下、民法では女性の無権利の規定、選挙権も無く大学も扉を閉ざし、女・子供とくくられた時代から、太平洋戦争、空襲、敗戦と続く時代でした。

そしてポツダム宣言を受け入れて、初めて平和国家になり全ての国民は基本的人権を持つ民主主義の国になったのでした。この喜び、片思いの初恋の人庸浩さんと結ばれた幸せ、早死されて母子家庭になっても彼のお陰で充実した人生を歩めた事を語り伝えたいと自分史を書きました。幸い久留島郷平さんと息子の伸行が編集、生活思想社の友人・五十嵐美那子さんが冊子にしてくれました。三人とも仕事を持ち多忙の中、本当に感謝しています。

第一部
戦前編

左から、母・千鶴、澄枝、父・好治、兄・淳

第一章　社会への目覚め

関東大震災の年に生まれて

私は一九二三年（大正一二年）五月一九日に東京府東京市麹町区中六番町二四番地（現在、千代田区四番町）に、父・安江好治（やすえ・よしはる）、母・千鶴（ちづ）の長女として生まれました。

父方は信州松本藩の出で、祖父・孝（たかし）は藩の下級武士だったのですが、明治維新で藩士解職、東京で漢学修業のため、島田重礼（しまだちょうれい・漢学者・東京帝国大学教授）の門に入塾、その後大蔵省に入り検査局（現在、会計検査院）に勤務し、各省や宮家にも出張して会計審査の仕事をして、震災の年にはすでに退官し、恩給生活に入っていました。地続きに家作を持ち、悠々自適の生活のようでした。

父は東京帝国大学法科経済学科を出て高等文官試験を受け、やはり大蔵省の官吏として本省に勤めていました。

母は四国土佐の出身、東京府立第六高女を出て一〇人兄妹の三人目です。父と母は見合結婚、丈夫だった母は一九一七年（大正六年）に兄・淳（あつし）を生んだ時、難産だったためか心臓弁膜症を患い、医師からは次の出産は止められていたそうでしたが、一人っ子は可哀想という母の強い意志で、私は生まれることができました。

私が生まれた年の九月に関東大震災がありました。母は私を抱いて兄と共に近所の公園に逃げ、祖父と父は庭の松の木を切るなど大奮闘で類焼を免れたそうです。家屋敷はそのまま残り、家族全員無事でした。

幼年時代の最初の記憶は四歳の時です。祖父・孝の喜寿の祝いで、大勢の客が呼ばれて集まりました。料理人が来て祝い膳が用意され、祖母の踊りや、芸人らしい者の出し物があったりと派手な集まりで、幼い私は舞い上がってしまいました。招待客の接待で忙しい父を呼び立てて、おんぶをしてもらったり、我儘を言って父を困らせたという思い出があります。

「澄枝ちゃんはお父さん子ねえ」と言われるのが、何より自慢でした。今思うと我儘な子供の言い分を、父は叱りもせず、よく私の言いなりになってくれました。父はこの後も私を叱ることは一度もありませんでした。

私は兄の六つ下でしたが、私の出産が母の健康には

大礼服を着た大蔵省時代の父・好治

やはりダメージが大きかったようで、その後の母は寝付くことが多く、少し歩いても息切れがして外出にはハイヤーが欠かせませんでした。兄はのんびりしたおっとり型、私は活発で勝ち気でやんちゃ。「二人が入れ替わっていたら良かったのに」とよく母に言われましたが、私はこれを非難とは受け取らず、充分に両親に甘えてのびのびと育ちました。

女子学習院に学ぶ―少女時代

学齢になって母は区立小学校に入れたかったそうですが、祖父が宮内省に関係していたため、父の姉である伯母が女の子は全員女子学習院に入れておりました。それで、父も叔父も学習院だからと主張したため、私は入学試験を受けることとなり、五月生まれなので一〇月入学の秋組に入学することになりました（資料編参照）。二八人のクラスで卒業まで四人増えただけで、全くクラス替えがありませんでした。これはよい制度だったと思います。クラスメートは皆幼い時から知っていて、思い出も共有しているという間柄は年を取るにつけ貴重な存在です。

二年生になってすぐ父が転勤で長崎に税関長として赴任になりました。母もついて行くことになり留守中は子供二人になるので、祖父母が預かることになりました。

祖母・登喜は武士の娘で、なかなか厳格な人でした。ただ、祖母は威厳はあっても、怖い人ではありませんでした。むしろ、女中頭の宮（みや）さんが祖母への言い付け役で怖かったのでした。兄が拾ってきた犬を「又兵衛」と名付け、兄と私は可愛がっていましたが、この犬が嬉しいと庭から縁側へ飛び上がってしまうのです。宮さんは犬嫌いなので、それを見るとほうきで又兵衛をこっぴどく叩きます。又兵衛はキャンキャンと尻尾を巻いて逃げるのですが、私はそれを見てよく一緒に犬小屋に入って犬を抱きながら泣いたのが忘れられません。

夏休みは兄と二人で両親のいる長崎に行っては新体験を満喫しました。九歳の時、兄が行けないというので私は一人で行けるとがんばって、神戸まで当時の超特急「燕」に乗り、神戸で叔父の家に泊まり、翌日神戸港から長崎港まで直行する汽船「長崎丸」に一人で乗船、玄界灘の荒海を揺られながら長崎に到着という経験もしています。車掌さん、船長さんに大切にされ、なかば得意になって長崎に着いたのを思い出します。これは子供心にその後の自信につながったと思います。まさに「可愛い子には旅させよ」です。

人生と社会への目覚め

学習院は図書室が充実していて本の好きな私は入り浸っていました。トルストイ、ディッケンズなど人間の平等と正義感、人は如何に生きるべきかなど教えてくれたし、イプセンの「人形の家」、モーパッサンの「女の一生」や野上弥生子「真知子」の作品など、その頃の女性の置かれた差別についての不合理な状態を真剣に考えるようになりました。

女子学習院時代
（式服姿）

父は長崎に四年いた後、札幌そして仙台と転勤、母は東京に戻って来たので単身赴任となりました。その頃は一九三一年（昭和六年）の満州事変など中国での侵略戦争が始まっていましたが、まだ八歳の子供の私には深刻には受け止められませんでした。

ある時、格言集を読んでいて、宮本武蔵の「我、事において後悔せず」という言葉に出会い、感銘を受けました。後悔先に立たずといいますが、後悔しない人生を送りたいと思ったのです。その時その時全精力をつぎ込んで決断したことは、それ以外に考えられなかったのですから、後悔はないわけです。その代わり、人や世間の言うなりにならず、必ず学習して自分の判断を間違えないことだと思いました。これは私の座右の銘となりました。

卒業も近くなって私は卒論に「徳川時代の女性達」を選び真剣に勉強を始めていました。そんな時、一九三八年（昭和一三年）一月、母が四二歳で心臓病で亡くなりました。祖父はすでに亡く、祖母は藤沢市片瀬海岸に父が建てた別荘で隠居暮らしをしていたし、父も大阪税務監督局長を最後に大蔵省を退官し、満州拓殖公社の理事として新京（満州国の首都）に赴任していたのでした。母の居なくなった留守宅は、兄と私とお手伝いさんの三人暮らしになってしまったのです。

大学受験で母をさんざん心配させていた兄は、母が亡くなった年の三月、成蹊高校から東京帝国大学の経済学部の受験に合格、四月から本郷に通いだしました。母を失ったことは悲しかったのですが、何と言っても頭の上で干渉する人がいなくなったということは、若者にとって自由を手に入れたことになり、我が家は兄の友人たちの格好の溜まり場となりました。

時代のうねり、初恋

兄は悩み多き青年で一時H・G・ウェルズ（歴史家・小説家）に傾倒していましたが、高校、大学での一年先輩の市吉庸浩（いちよし・つねひろ）と人生論を闘わすうち彼の博学多識に圧倒され、啓蒙されて唯物弁証法の歴史観に傾いて行きました。兄は私に何でも話すので私も「市吉庸浩さんて凄い人」と思ったのでした。

その年は盧溝橋事変に端を発して支那事変は拡大し、一二月は首都南京を占領、国民は提灯行列をするなど沸き立っていました。その一方で思想統制はますます厳しく、大学ではマルクス主義経済学の教授たちは次々検挙され、マルクス主義批判の先頭にいた自由主義者の河合栄治郎教授まで、その著書が発禁になり、大学から追放になるという問題が起こっていたのです。さらに文部大臣は、東京帝国大学の総長を教授会の推薦から官選による任命制にすると爆弾宣言をしました。

経済学部のリベラルな学生たちは大学の自治に対する弾圧と受け止め、大学評議会も反対を表明しました。既に学生大会を開けばすぐにも弾圧される時代になっており、そのことは分かっていたので、各出身高校別に既にあった社会科学研究会（社研）を軸にして討議、大学当局の官選反対を学生も支援するという署名運動などの活動が始まりました。

成蹊高校では庸浩さんをチューターとして既に何回か社研が我が家で開かれていたので、すぐ対応できたようです。私は自宅に集まった学生さんの前に出たことはありませんでしたが、勉強会の時は襖越しに聞き耳を立てていました。そして皆の質問に対して、市吉庸浩さんの懇切丁寧な淀み無い説明ぶりに聞き惚れてしまったのでした。（社研の教科書はマルクス主義の入門書と言われるラピドスの『新経済学入門』で、当時まだ本屋で購入できました。）

兄が思想上の感化を受け、尊敬していることは分かっていましたし、写真を見てもすてきだし、その頃一七歳だった私は彼に憧れ、それは私の秘かな片想いの初恋になったのです。それは私が人生を共にするのはこの人しかいないと深く自分に誓う程強く、彼が戦場に行ったと聞いても全く揺るぎませんでした。それからの私は何処に行く時も、友達七人と一緒に写っている彼の写真を荷物の中に忍ばせて行きました。

東京帝国大学の学生運動は出身高別のリーダーたちが密かに連絡して、総長官選に対する大学

肌身離さず持ち歩いた「初恋の庸浩と７人の友人たち」の写真

当局の反対を支持する署名や決議を上げるなど、運動が高まりその数四〇〇名を超えたといいます。文部省は、任命は譲らないが大学評議会の推薦する候補者に発令するという譲歩をすることになり、大学の自治は辛うじて守られることで決着が着いたのでした。

河合教授の追放問題には、リーダーたちは追放は避けられないと見て、それなら逆に右翼の総帥とみなされていた戦争擁護の土方成美教授も退職処分にすべきという世論を作り、また沢山の署名を集めたそうです。これは「平賀粛学」として知られています。河合教授は助けられなかったが戦争謳歌の教授たちを学外に追い出すという結果になり、学生たちは大きな成果を手にしたのでした。

その頃世の中は軍国主義一色、「勝った勝った」と国中が浮かれていた時代、学生たちが命がけで大学のファシズムに精一杯の抵抗をしていたことはほとんど知られていませんが（新聞などに強い報道規制があったのでしょう）、是非、歴史の記録に残したいことです。

兄の検挙

一九四〇年（昭和一五年）九月のある日の明け方、ものすごく乱暴に自宅の玄関の戸が叩かれ、あれよという間に屈強の男が三人押し入ってきました。

麻布六本木署の特高（特別高等警察―社会主義・共産主義、無政府主義など国体を危うくする思想や運動・団体を取り締まる政治警察）でした。兄は寝巻きを着替えるのも急き立てられ、有無を言わさず連れ出されてしまいました。あとは特高二人で家中引っ掻き回して、これと思われる左翼の本を段ボールに何箱も詰め込んで持って行きました。中には『赤と黒』など左翼思想と全く関係のない小説も入っていて、大変な量の本を押収され、これらの本は釈放後も返してはくれませんでした。私はこの乱暴狼藉をただ呆然となす術も無く見ているだけでしたが、身体中から湧く怒りをどうする事もできませんでした。お人好しで真面目一方の優しい兄が何故？　人は如何に生きるべきかと真剣に話し合った兄が何故？　私が権力の横暴に出会った初体験でした。

この時、東京帝国大学の検挙者は六〇名を超え、その年の天皇の東京帝国大学行幸を控えたもので行幸事件とも言われているそうです。当時は全く報道されていません。兄は研究会の段階では初級のＣクラス（特高による政治犯のランク付け）だったためか、一～二度殴られ脅かされただけで調書を取られ、二九日間の留置場生活を終え帰ってきました。虱を背負って三キロ痩せていました。

坊ちゃん育ちで今まで殴られるなど経験の無かった兄は、いきなり殴られ「天井から髪の毛で吊るそうか」など脅かされ、権力の理屈抜きの理不尽さを初体験した訳ですが、単なる左翼学生にすぎなかった自分が社会主義の正当性に目覚めることになったと後に述懐していました。片思いの庸浩さんは、卒業後朝日新聞社に入社。山形支局で張り切って仕事をしている最中に検挙されたそうです。リーダー格のＡクラスでしたから、尋問の末巣鴨拘置所に移され、一年八ケ月も拘留の後、東京地方裁判所で公判となり、治安維持法違反として二年の刑、但し執行猶予がついてようやく帰宅したといいます。この時の庸浩さんは二六歳でした。

図書館書庫に入り浸りで開眼―自由に学べない時代に

私は学習院の卒業を控えて「徳川時代の女性達」の勉強に精を出していました。学校の図書室はいろいろ揃っていましたが、もっと調べたくなった私は書庫で探したいとお願いしてみました。私は図書室の管理を任されていた先生に信用があったらしく、特別に書庫に自由に出入りできるようになりました。書庫は正に宝庫でした。私はそこに入り浸り、貝原益軒が著した『和俗童子訓』を元にした「女大学」を見つけ「女子三従の教え」（家にいては父母に、嫁しては夫に、老いては子に従う）に出会いましたし、近松門左衛門や井原西鶴の人情ものも読むことができました。

そして遂に平塚らいてうの『青鞜』発刊の言葉「原始女性は太陽であった真正の人であった。今、女性は月である。他に依って生き、他の光によって輝く、病人のような蒼白い顔の月である」に出会いました。当時女性は半人前、女のくせにと言われ反発していた私は自分の無知を恥じるとともに、勇気づけられ猛烈に勉強をしたくなりました。

そこで、女性でも入れる大学を探しましたが、名のある大学は女子には受験資格が無く、仕方なく日本女子大学に社会学を学べる家政学科（三類）があるというので受験、一九四一年（昭和一六年）四月から通い出しました。しかし期待の女子大は既に思想統制の波を受けて社会学的な授業は影を潜め、本棚にあるリベラルな『改造』や『中央公論』は厳重な鍵が掛かり読むことはできませんでした。その年の一二月八日ハワイの真珠湾の奇襲とともに、「大東亜戦争」が始まり世の中はますます戦時色一色に染まって行きました。

新京での体験

私と兄は父の満州在任中、一九四〇年（昭和一五年）、四一年（一六年）の夏休みを利用して満州国の首都・新京を訪ねました。当時満州国は「五族協和の王道楽土（漢、満州、蒙古、朝鮮、日本の五民族が手を取り合って、理想の国づくりをしようとの政治的スローガン。満州国建国の理念)」と言われていました。

列車が新京についたときのことです。駅を歩いていると、いきなり罵声が響いて、人だかりがしていました。何事かと見ると羽織袴の日本人の男性が下駄を脱いでマーチョ(馬車)の御者を殴りつけているのです。値段のことで揉めたのか判らないが、満州人と思われる御者が手を出して卑屈にペコペコお願いしているのに対して、その日本人の威張りようと来たら虫酸が走るような野卑なものでしたが、取り囲む中国人たちは一言も発せず、駅の公安も警察も仲裁に入らず、マーチョの御者はすごすごとその場を立ち去ったのです。これが私の満州原体験でした。

その後兄と中国の服を着て満人街なる地域に行ってみましたが、清潔でひろびろした日本人街と全く違い、狭くて蝿だらけで不潔な街の様子に一七歳の娘でも怒りを感じ「五族協和」どころか、現地の人が対等に扱われていないのは植民地ではないかと気がついたのです。

「若き女性に告ぐ」の呼びかけに心躍る—国民生活学院での充実した学びのとき

その頃愛読していた、『婦人公論』の一九四二年(昭和一七年)三月号に「若き女性に告ぐ」という檄が載り、国民生活学院の創立と生徒募集の知らせでした。その教授陣を見て驚きました。東畑精一、大河内一男、永田清、土屋文明、小倉金之助、今和次郎、瀬川清子、谷野せつ、古谷綱武等々、当時文化講演などでお馴染みの、リベラルで著名な先生方が並んでいたのです。女子を受け付けなかった有名大学の先生方の講義が聴ける、これぞ自分の行きたい学校だと思って、さっそく手続きを取りました。入学通知をもらって父を説得、日本女子大学を中退し、意気揚々と目白にあった国民生活学院には自転車で通うことにしました。一期生は三八名、女子でも本物の教育を受けたいという気概が感じられました。

この学校は中央公論社社長・嶋中雄作氏が、『婦人公論』であげた利益を女子教育に還元したいと一〇〇万円という資金を提供、当時リベラルでヒューマンな学識経験者や学者を集めてプロジェクトを作り、花嫁修業でない、国民生活の指導者たり得る婦女子の育成という高い理想を掲げた学校でした。入学して受けた教育は本当に素晴らしかった。

先生方は男女の区別無く熱心に充実した講義をされ、それは皆基礎的なエッセンスのようなもので、経済学では労働価値説であったり、数学では微積分入門、生物学、原子物理学入門とあらゆる分野で高度の講義が聴けたのです。

後に治安維持法違反で逮捕され、豊多摩刑務所で亡くなられた三木清先生の哲学入門の特別講義もあったのです。

こうして社会への問題意識を養うと同時に実習もさまざまでした。炊き出し、人形芝居、子供会、農繁期の共同炊事や託児所など、私などそれまでご飯を炊いたこともなかったのが、一五〇

国民生活学院子供会の受付（右上、こちら向き右から３人目）

人の部落の共同炊事を大きな平釜で炊き上げたのです。栄養や調理指導をしてくださった小松文子先生のことは忘れられません。小松文子先生と私は、戦後、思いがけない再会をすることになります。

充実した一年を過ぎて二年になると、資格をとって働けるようにと保健婦、保母、栄養士のコースに分かれました。私は保健婦を選びました。早速警察病院での実習が始まりました。午前は各科で看護婦さんに教わりながら実習し、午後は講義を聞くという、これもまた充実したカリキュラムでした。お陰で、私は皮下注射も静脈注射もできるようになりました。（これが後に役立ちます。）

この、当時の女性にとって理想とも思われる学校も時代の波には抗し難く、授業に憲兵が来ることもあったり、講師陣が睨まれたりもあったようで院長も速水晃、河崎なつ、谷川徹三と変わり、一九四五年（昭和二〇年）五月の山の手大空襲で校舎が焼失し、全ての資料も灰となってしまいました。学院は四期生の卒業を以て閉じることになり、再建はできませんでした。

しかし、歴史に残る国民生活学院の卒業生たちは、戦後の混乱期に立ち向かって、それぞれの条件の中で、職業に家庭に、主体性を持って自分らしい道を切り拓いて行きました。

私が国民生活学院に入学した一九四二年（昭和一七年）は、安江家でも色々のことがありました。父が退職して東京へ戻り、東満州産業株式会社（東満州鉄道の親会社）の社長となり、東京駅前の三菱ビルに一室を借り、出勤するようになりました。

また、麻布霞町（現在、西麻布）の借家住まいから豊島区千早町に土地と家を購入して、ようやく落ち着いたのがこの年です。庭には藤棚があり、池もあり、二〇坪位の畠もあり、野菜も作れました。

私はこの家から自転車で国民生活学院に通ったのでした。

第二章　戦争の中で自立の道を進む

兄と庸浩さんに相次ぎ召集令状

私が国民生活学院で充実した日々を送りはじめた一九四二年（昭和一七年）四月、敬愛する兄に召集令状がきました。「兄を戦争で失うかも知れない」という恐怖が私を襲いました。

庸浩、決別の朝に。秋田の従兄・江口氏宅より出征　1943年（昭和18年）2月3日

家に集まっていた前途有為な好青年たちも、次々に戦地に送られていく現実に直面していました。読書会の影響で彼らがこの戦争に疑問を持ち、天皇を戴く神の国として科学を受け入れず、批判をすれば容赦ない政府の思想弾圧の対象になることを知りながら、止むに止まれぬ志を持った青年たち、男子であるが故に召集され命を落とす。これで良いのだろうか？　後に残る銃後の女性がこの志を引き継がなくてはな

らないのではないか。

私自身「王道楽土」と喧伝された満州国での日本人の横暴を目の当たりにしたし、兄は理不尽に留置所で脅され、また、庸浩さんは治安維持法違反の罪で二年も巣鴨拘置所の未決監獄に入れられ、執行猶予で漸く家に帰られたということではないか。一九四三年（昭和一八年）には庸浩さんにも召集令状が来たとのこと、あの敬愛する片思いで初恋の彼まで一兵卒として応召、戦地に行かれたというのです。

私には召集令状は来ない。女性こそ彼らの意思を継いで勉強し、その思いを引き継がなければと思うようになり、それこそ銃後の女性に課せられた使命だと強く思うようになったのです。

岸本みつ子さんと秘密の読書会

私は、早速兄の後輩で密かに志をつぐ黒石さん（当時、麹町に住んでおられた）にその旨を伝え、彼は岸本みつ子さんという女性を紹介してくれました。彼女は私と同じ二〇歳、恋人でお兄さんの友人である村井さんが黒石さんの友人とのことでした。

もはや世は戦時色一色、生活必需品は姿を消し、切符制になり外で雑炊食堂に並んでたべるのもお米の食券が必要でした。「欲しがりません、勝つまでは」「贅沢は敵だ」「鬼畜米英」のスローガンが貼られ、街では憲兵や特高がうろついて国民の不満を監視している、そんな状態になっていました。左翼系の本（民主主義の本も入っていました）は姿を消し、あっても伏字の××だらけでした。そんな環境のなかで私たちの勉強は始まりました。細心の注意を払って。

岸本さんは私より大分勉強が進んでいたので私は追いつくのが大変でした。幸い彼女の所は警察のガサ（家宅捜査）を受けていないので、ある程度の本がありました。兄たちの使っていたラピドスの『新経済学入門』も山田盛太郎の『日本資本主義分析』、エンゲルスの『空想から科学へ』、スターリンの『レーニン主義の基礎』など読みました。

しかしリーダーも居ないで、果たして読みこなせたかと言えば疑問でした。自分たちでバツバツの伏字に文字を入れたので、甚だ心許ないものだったに違いありませんが、ともかく私たちは岸本さんの家で、私の家で、或いは歩きながら、一心に勉強しました。目を開かれる事も多く、その中でもベーベルの「婦人論」は二人とも完全に理解し、魅了されました。この本は、今でも若者に一度読んで欲しい価値ある本と思います。

こうして私たちは無二の親友になりました。岸本さんは冴えた頭脳に知性溢れ、抜群の才女の上美しく、詩も作るし洋裁や編み物も上手、速記者として仕事をしていました。私はともかくこうした勉強の中で、日本の労働者がインド以下的賃金と表現される程に搾取され、農村では小作農が身を粉にして働いても娘を身売りに出さなくてはならないのは、絶対主義的天皇制による専制政治と半封建的な地主制度による収奪など、心にしみて理解できました。弁証法的唯物論の考え方を理解できるような初歩の知識を身につけたと言えるかも知れません。

父の再婚話に兄と行動

一九四三年（昭和一八年）、父に再婚話が持ち上がりました。しかも、それが娘さんのいる人と解ったのです。それを知った私たち兄妹はすぐ行動しました（兄は内地での召集だったので、時折家に戻って来ていました）。兄も私も共に非合法の道を歩んでおり、何があるかわからない。連れ子さんに余計な迷惑をかけては申し訳ない、ということになり、急遽兄が友達に頼み、これはと思う方を探してもらったのです。幸いお友達の紹介があり、早速兄と私がお会いしました。伊沢寿子さんという未婚の方で、とても素直で優しくて、話も面白くて兄も私も気が合い、継母として申し分無いということになり、父とのお見合いの段取りをしてもらいました。父も気に入ったようで、もちろん私たちは大賛成。一九四四年（昭和一九年）五月、めでたく父は彼女と再婚しました。

寿子お母さんは大当たりでした。私が後に検挙された時も「澄枝ちゃんが悪い事をするはずない」と信用してくれたし、父とも仲睦まじく、空襲が始まって、疎開の荷物をまとめていた所に、その頃住んでいた豊島区千早町の一帯は空襲で全焼し、家はもちろん家財も衣類もなにもかも灰となって、祖母の住む片瀬の隠居所に漸く皆が移りすんだ時も、決してめげず、明るく皆の中心になって大奮闘だったと聞きました(私はその時千葉の留置所にいました)。この再婚は兄と私の快挙だったと今でも思っています。

国民生活学院を卒業

一九四四年(昭和一九年)三月、私は国民生活学院を卒業、保健婦として現場で働きたいと思っていたし、岸本さんは産業経済新聞社に速記部員として就職、職業婦人として自立することになり、二人の勉強会は風早八十二の『日本社会政策史』を読んだ所で終りにし、それぞれの道を歩むことになりました。

私は学院で習った厚生省の谷野せつ先生を訪ね、愛知県岡崎にある三菱航空機製作所針崎工場に保健婦と寮母として紹介され、すぐ就職が決まりました。そこは片倉製糸から軍需転換した工場で、女工さんの寮がたくさんあり、今は女子挺身隊が沢山働いているとのことでした。月給四七円でした。

東京を離れ、私は初めて家を出て生活することになりました。初めての自立でした。何か心に沸き立つものがあり、心を踊らせ柳行李には庸浩さんの写真を忍ばせて岡崎の職場に出発しました。戦局はガダルカナルからの撤退、アッツ玉砕、サイパン陥落、レイテ作戦と今まで聞いた事の無いような太平洋の島々に拡大し、重苦しくなる一方で、特高警察と憲兵はますます恐怖の存在でした。

岸本さんとは勉強会はなかったこととし、友達でもなかったことにしました。そして、若い二人は互いに何をなすべきかを模索しながら、一生懸命生きて行こうねと、万感の思いを抱きつつお別れしたのでした。

寮母、保健婦として—岡崎の工場へ

岡崎の工場に着くとすぐ工場長に挨拶、私の机は労務管理室、午後は診療所で保健婦として手伝い、夜は泊まっている寮の寮母ということでした。工場では零戦の胴体を作っていました。私もどんなものかやらせてもらいましたが、鋲打と言って鉄板と鉄板を鉄の鋲で留める作業でした。耳を打つ騒音と肩に響くショックの強さに半日でクタクタになってしまいました。ここで女子挺身隊の人たちが一日中働いているのでした。(政府は一九四四年(昭和一九年)二月から国民勤労体制の強化と謳って一四〜二四歳の未婚の女子を「女子挺身隊」として軍需工場に動員しました。)

診療所では服部美子さんという超ベテランの保健婦さんが私の上司でした。情熱的な仕事人間で厳しい人でしたが、私心の無い純情さが私と気脈が通じ合い、親身に現場の仕事を指導して下さって、幸せな出会いでした。服部さんは愛国主義者で、初めて神風攻撃隊の特攻攻撃が新聞で報道された時は興奮して泣き出さんばかりでした。私が警察に連行された時はどんなにショック

岡崎針崎診療所にて　1944 年（昭和 19 年）

だったかと思うのですが、後で聞いた所では私の人格を傷つけるような噂は一切立てず、置き去りになった私の荷物は空襲の中で守り抜いてくれて、戦後何一つ無くならないで手元に返って来た時は心から感謝したものです。その中にはあの大切な庸浩さんの写真も入っていたのでした。

寮は縦長の平屋建て一〇帖以上の畳敷きの部屋が一〇室程並び両側は板廊下、雨戸は無くガラス戸だけの木造建物が幾つもならんでいました。私は端の部屋をもらい、そこの寮母になりました。寮母と言っても、相手は年上の人が多く、実家を離れて集められた挺身隊の人たち、私が保健婦見習いということで、ツベルクリン反応の陽性になった人たちが集められた寮でした。服部さんが開放就寝の提唱者で、冬でもガラス戸を開けて外の新鮮な空気を取り入れる事を実践していたので、消灯の後、窓の開き具合を点検しなければならなかったし、具合の悪い人がいれば診療所に連れて行ったり、郵便物の受け渡しをしたりなど、雑用も多い仕事でした。工場長は穏やかな人で叱咤激励型ではなかったし、良い職場環境でした。食べるものが不足しがちな当時、軍需工場の労働者並の給食で時々芋だけということもありましたが、ひもじい思いをしなくてすんだのは有難いことでした。

とにかく疲れて帰ってくる挺身隊の女性たちに信用され、打ち解けて話し合える存在になろうと一生懸命でした。学院で学んだギニョールという人形芝居も唐紙を横に舞台にして見せたりしましたが、年上の女性たちの反響は今一つ、暖簾に腕押しというか、簡単に胸を開いてはもらえず、自分の未熟さを反省する日が続きました。

大地震が襲う—情報統制下の三河地震被災

それでも少しずつ親しくなって来た翌年一九四五年（昭和二〇年）一月一三日のお昼頃、ドーンという地鳴りがしたと思ったら突然の大地震。事務所に居た時で、机の下に隠れましたが、一〇分も続いたでしょうか。少し弱くなった時外を見たら水道管が破裂して地面は水で一杯でした。

これは東海濃尾地方を襲ったマグニチュード七という大地震でした。戦時中で報道されなかったので知らない方も多いのですが、死者一九六一人、家屋の全、半壊合わせて一七、〇〇〇戸という大きな被害でした。もう名古屋方面は米軍の爆撃機Ｂ29が姿を現し、空襲が始まっていた頃のことで、被災者はどんなにか苦労された事かと思います。

工場の出入り口の煉瓦が崩れ落ちて、女工さんが下敷きになったという一報が入り、私はすぐ診療所に跳んで行き、担架を持って救出に行きました。崩れた煉瓦を懸命に取り除きましたが、その下から出て来たのは無残な姿の女工さんでした。

診療所の先生は処置をされましたが、内臓破裂などで助けることはかないませんでした。工場内の機械の下に隠れた者は全員助かりました。製紙工場の煉瓦建てがこの悲劇を招いたのでした。本震に近い余震があり、寮のガラスはガタガタと物凄い音でとても寝るどころではないので真冬の一月、全員野宿することになり、ゴザの調達、布団の運び出しと大騒ぎになりました。富士山が噴火したとか噂はめぐり、挺身隊の人たちは、自分の家が心配で帰りたいというが交通は分断され情報はメチャメチャだし、一時は大混乱になりました。

死亡した工員さんの通夜と葬式が余震の中でしめやかに行なわれました。幸い雨が降らなかったので野宿も続き、そんな中で工場の仕事は再開されました。その頃名古屋には頻繁に空襲があり、昼間B29の編隊がゆうゆうと太陽の光を浴びながら上空を飛んでいったのを記憶しています。誰も口を噤んでいましたが戦争の敗色は漂い始めていました。

第三章　弾圧に抗して

突然、特高が来る

地震から二週間、まだ野宿が続いていた頃、一月二五日、私は工場長に呼び出され、千葉警察の特高が二人、私を拘留するために来ていると知らされました。心の準備はそれとなくしていたので、動転はしませんでしたが、何故千葉警察なのかさっぱり解りませんでした。荷物を作り、地味なもんぺ姿で二人の屈強な男に囲まれて工場を後にしました。流石に若い女の子を可哀想に思ったのか、手錠や縄は掛けられませんでしたが、二人の特高に囲まれて、普通列車で千葉警察まで連行されたのです。

連れて行かれたのは、千葉警察の留置所でした。太い鉄格子の部屋は六室あり入口に一番近い所が女性、奥の五室は男性でした。女性の房はしばらく私一人、男の房は大体いつも満員でした。真ん中には石炭ストーブが焚かれ、看守が威張って各房に睨みを効かせていました。男の房で話をしたり、タバコを吸ったとかあると、房の中から呼び出しコンクリートの床に座らせ、怒鳴ったり、棍棒で叩いたりして恐ろしげに振る舞っていました。

私は、かねてから覚悟はしていたことだったし、不安はあるものの震災以後くたびれ果てていたので、せんべい布団にくるまり熟睡してしまいました。翌朝目が覚めてびっくり、身体中虫に刺されて痒いのなんの。見ると布団にはノミがポンポン飛び、着ていたモンペの縫い目にはシラミがびっしり血を吸っていたのです。ノミはともかく、シラミは初めての経験でその痒いことと言ったら格別でした。留置所のまず一番の仕事は虱退治になりました。看守は「留置所の第一夜は皆まんじりともせず、食事も喉を通らないのに、あんたはすぐ寝てしまった」と感心していました。

食事は古ぼけた木の箱に茶碗半分ほどの大豆飯、それに実のない味噌汁が掛けてあるだけという猫飯でしたが、「こんなことで負けられるか」と思い、よく噛んで一粒も残さず食べました。房の中では一日中正座をしていなくてはなりませんでした。壁に寄りかかってもいけないと言います。私が今でも正座に強いのはこの時の経験からかもしれません。

どんな目に遭っても耐えられるか？　取り調べの恐怖

その後何日間放っておかれたでしょうか。時々私の係らしい若い特高巡査が様子を見に来るだけでした。後で解ったのですが、その間、豊島区の我が家をガサって（家宅捜査して）本を沢山押収したとのことでしたから、何か新しい成果を挙げようとしていたのでしょう。何日か経って突然呼び出されました。特高検事と言いました。（戦後解ったのですが、千葉地方検事局の三堀宏という思想検事（一九二八年（昭和三年）、裁判所職員定員令改正によって作られた思想犯専門検事〉とのことでした。）

いかにも密室という狭い暗い部屋で待っていました。「ああこれから何かされるのか」という恐怖心を与えるような部屋でした。狭い木のテーブルを介して、痩せぎすの意地悪そうな検事の訊問が始まりました。

「お前はマルクス主義者だろう」から始まって、「勤め先で何をしていた、誰と付き合っていた、正直に言え」と言われ、やはり勉強会の事かと思いました。「なんの事かわかりません」としらばくれると、いきなり怖い顔になって「痛い目に遭いたいのか」と脅しました。ナイフをちらつかせたり、鉛筆を指の間に挟む真似をしたりしました。一瞬私もこの場をどうしたらよいのか判断できず、下を向いて黙ってしまいました。どんな目に遭っても耐えられるだろうか、頭の中はくるくる回っていました。研ぎ澄まされたような緊張と無言の静寂のあと、検事は「馬鹿だなあ、お前のしたことはもう全部解っているんだ」と言って、これみよがしに冊子のようなものを置いてドアから出て行ってしまいました。

見るとそれは「取り調べ調書」の写しで、岸本さんとの勉強会の逐一が記されていました。私は一瞬ヘナヘナになって力の抜けるのを感じました。私はこれと同じ事をいえば良いのだと解ったのです。検事の取り調べはこの一回で終り、それから後は千葉警察特高課の警部に替わりました。普通の調べ室で聞き取りがあり、答えた事を書記が書き取り最後に署名をさせられました。

事件のあらましは千葉医大の中のサークル活動がやり玉に上がり、その中から友人関係の勉強会が芋づる式に捕まったということのようでした。何月何日どこで何の本を読んだという内容ですから、私も慣れて来て、調書と少しでも違うことを言ったら面倒なので「忘れました」というと岸本さんの調書を見て、これこれとなっていると教えてくれたりしました。

それにしてもあの思想検事は私に何をしようとしたのか、あの冷酷な顔を今でも思い出すとぞっとします。日本では小林多喜二や横浜事件のような特高警察の拷問の凄まじさは有名なのに、戦後その犯罪を問われることは無く、不問にふされたまま、彼らは安穏に過ごし、中には要職につかれた方もいるとか。政府も国会も「治安維持法犠牲者国家賠償要求同盟」の要求に全くこたえようとはしていません。

ノミとシラミと猫飯の六ヶ月

取り調べは遅々としていて、何も呼ばれぬ日も多く、留置所暮らしも、ノミやシラミにもだんだん慣れて、おっかない看守も私が思想犯で小娘だということで、気を許したのか宿直の畳の部屋の掃除や留置所の床の掃除など私にやらせるようになり、その後はストーブに当たらせてくれました。

若い女の子が何をしたのだと、興味を持った人の良い巡査は用も無いのに留置所に来て、看守

留置所の中で宮崎巡査撮影

と雑談しながら、房の鉄柵に後ろ向きになって、ビスケットやピーナツを差し入れてくれました。三度三度猫飯しか与えられない私にとって、それがどんなに栄養源になったか知れません。東京の父は、どのように思ったのか解りませんが、拘置以来一度も連絡も差し入れもありませんでした。

　私の係になった特高巡査の相川さんは、最初から私に同情的でした。取り調べが済んで留置所に帰る時、時々回り道をして歩かせてくれたり、時には屋上に行って太陽に当たらせてくれたりしたこともありました。若いのに生死の境をくぐって来たのだなと納得できるものがありました。

　一番困ったのは生理の時です。脱脂綿はすぐ無くなって、ぼろきれで間に合わせれば、四六時中トイレのため房の扉の鍵を開け閉めさせることになり、本当に苦労しました。結局相川さんに脱脂綿を買ってもらったのですが、いま思えばもっと堂々と特高刑事に要求すべきだったのに、その頃の私は恥ずかしいことに、「拘留されている者にも人権がある」という考えがありませんでした。というより、その頃の教育では、人民の人権意識など全く教えられていなかったのです。

　看守や特高の漏らす話から、私の前に岸本さんがいて、今は東金警察に移された事、その前、その前と、女性ばかり、そしてどうやら芋づる式検挙も私が一番最後らしい事も解ってきました。何しろもう知られている事の追認ですから、相手の罠に引っかからないように、勉強しただけである事を強調しました。取り調べが終りに近づいた頃、東京の空襲も激しさをまし、留置所の隣の敷地に防空壕が掘られました。

四月のある晩、留置所の窓から東京方面の空が真っ赤に燃えているのが見えました。私の家も焼けたらしいと相川さんが教えてくれました。もう帰る家も無く、兄は出征中、私自身これからどんな運命が待っているのか命の保証は無いと覚悟しました。でも後悔はありませんでした。

その頃は相川さんも、落花生を鉄格子の向うからそっと差し入れてくれたので、私は誰にもわからないように、甘皮ごと上手に食べました。取り調べは遅々として進まず、留置所に閉じ込められてのノミとシラミと猫飯の日々がもう六ヶ月経とうとしていました。

千葉空襲—危機一髪、特高巡査に助け出される

七月七日、大型爆撃機B29がとうとう千葉市の上空にやってきました。空襲警報が出て焼夷弾が落とされ始め、警察内は騒然となり、看守と上司らしい人が駆け込んでくるなり、房の鍵を私以外全部開け「お前ら仮釈放だ！　空襲が終わったら皆帰って来るんだぞ」と怒鳴りました。途端に蜘蛛の子を散らすように誰もいなくなりました。私だけが残されたのです。仮釈放も無い重

要犯だというのでしょうか。たった一人焼夷弾の降る中、鍵の閉まった留置所の部屋に。覚悟したその時相川さんがとんできました。

すぐ鍵を開け、防空頭巾をかぶって防空壕に連れ出してくれました。もう空は真っ赤に燃えてその中をＢ29が悠悠と旋回しているのが見えました。警察の建物にも焼夷弾がスルスルと不気味な音をたてて落ちて来ていました。

「ここは危ない。逃げましょう」と言って相川さんは私に腰縄もつけず、手を引いて逃げだしました。

私には全く土地不案内の場所故ただただ相川さんの誘導で逃げ廻りました。もうあちこち火の海、逃げ惑う人々、崩れ落ちる家々、そこに又空から焼夷弾、何処をどう逃げたのか、明け方になり、相川さんと私は火傷も負わず、川のほとりに立っていました。

目の前に広がる一面の焼け跡はまだ黒くくすぶっていました。何千何万の人たちの汗の結晶が、こんなに簡単に消えてしまった。戦争の虚しさ、凄まじさに涙が溢れてきました。（記録によると、この日の空襲は一〇〇機を超すＢ29によるもので、千葉市中心地のほとんどが焼け野原となり、千人以上の死傷者が出たそうです。）

警察に戻ってみると、何と防空壕は丸焼け、留置所も半焼け、焦げ臭い匂いがプンプンしていました。もしあのまま誰も房の鍵をあけてくれなかったら！　真実を知り如何に生きるべきか、勉強をしただけの小娘を人間扱いしない権力。でも私は相川さんのお陰で命拾いをしたのでした。彼は本当に命の恩人でした。仮釈放の連中はもちろん一人も帰ってはきませんでした。

千葉刑務所へ――孤独の日々を耐える

暫くは屋根の無い、空の見える留置所に私一人、そして何と七月半ばには、千葉刑務所に未決として移管になりました。取り調べは何時終了したのか、ずさんな取り扱いと思っても、私はなすすべも無く刑務所まで結構な道のりを護送の相川さんと歩いて行きました。彼は腰縄を途中で外してくれました。

後で聞いたことですが、彼は召集され、南方のニューギニアで足に大怪我をして除隊の後、就職口が無く警察に入ったそうで、根からの特高ではなく、若い女の子が何をしたのだろうと興味もあって、私の家から押収されて特高室に置いてあったダンボールの中の本を拾い読みしていたそうです。特高の立場を離れて思想犯に関心を持ち私を同情的に扱ってくれたようでした。

刑務所では持参したものは洗面具と下着の他はすべて保管され（ノミとシラミのついたまま）、代わりに煉瓦色の囚人服に着替えさせられ、紐は自殺防止のため一切禁止ということでした。そして連れて行かれたのは独房です。高い所に窓が一つ、廊下側のがっしりとした扉は上に小さな覗き口と、下の方に食事容器の入る口がついています。

三畳くらいの部屋で隅の方には蓋つき便器がありました。それまでいた留置所は不潔で喧騒でしたが、生きた社会がありました。刑務所の独房はノミやシラミはいないけれど、物音一つせず静まり返って、日がな一日狭い部屋にただ閉じ込められている苦しみは、初めて味わう苦痛でした。自分の存在は何なのか、何のために生きているのか、すべてから隔絶されて一体生きていると言えるのだろうか。気が狂いそうになりそうでした。でもここで耐えられない思いを耐えなくてはと、何とか踏みとどまったのでした。

窓の鉄格子から入って来た蝿を目で一生懸命追ったり、そっと体操したり、ちり紙で折り紙を折ったり工夫しました。ただ、刑務所に来て、猫飯が箱弁になったのは有難かったことでした。大豆飯ながら茶碗一杯分位あり、仕切りがあって何かしらおかずが少し付いていました。お陰で、落花生の秘密の差し入れが無くなっても、飢えないで済みました。

何日か経って、いつも箱弁と一杯のお茶を運んで来る使役当番の囚人が歯磨きをそっと差し入れて、小さな声で「岸本さんからです」と囁いたのです。ああ岸本さんが私が来た事を知って、励ましてくれているのだと気が付いて、気持も落ち着いてきました。同時に岸本さんの大胆さと、どんな時でも状況判断ができる能力が備わっていることに感心してしまいました。

暫くして、今度は一冊の本が弁当と共に差し入れられ、やはり岸本さんからでした。この本が世の中と遮断された苦痛と戦っていた私をどれだけたすけてくれたか、何度も読みふけりました。

活字を追うのが癒しになったのでした。（何の本だったか思い出せないのですが。）

終戦、思いがけない釈放

刑務所では全く呼び出されることもなく、ただ日々が過ぎました。そして八月一五日がやってきました。ひどい雑音と、何とも聞きづらい音声のラジオ放送があり、天皇の重大放送ということでした。半分以上意味不明でしたが、敗戦を告げるものだと解りました。

いずれは占領軍が千葉にもやって来るだろう。思想犯は赦されるだろうが、政府はその前に自らの暗部として我々を闇から闇へ葬ろうとするのではないか。自由を前にしていよいよ殺されるのかという思いが頭を走り、暗澹たる思いになったのでした。

八月二四日午前、いきなり独房の扉があいて、外へ出ろと言われました。荷物を全部持てと言います。どんな運命が待っているのか、想像もつきません。ともかく私がここを出て行く事を同志たちに知らせなくてはと思い、咄嗟にそれらしい房のまえで泣き声をたてました。

ところが連れて行かれた小部屋で「お前は家に帰って良い」と言われたのです。人を八ヶ月も拘留して、刑務所まで連れて来て、一編の書類も無く、其れ相応の職務の人も来ず、申し訳ないの挨拶も無しに、「すぐ着替えて出ていけ」という態度でした。

ともかく殺されないのだ、釈放だと思い胸を撫で下ろしながら、急いでノミとシラミの残るモンペに着替えました。

　どうやって帰れば良いのか、お金は足りるのか、ともかくここを出なくてはと門を出ると、なんとそこに相川さんが立っていました。出所のことが伝わっていたらしく、私が困るだろうと迎えに来てくれたのでした。本当に心から有難く思いました。相川さんは休みをとったらしく、天下晴れて自由になった私を自転車の後ろに乗せて水田の中の農道を通り、千葉駅まで送ってくれました。

　家族は片瀬にいると教えてくれ、切符まで買ってくれました。挨拶もそこそこに、はやる気持を押さえて無我夢中で片瀬に向かいました。

第二部
戦後編

『婦人朝日』（1946 年 5 月号）に掲載された「槇 ゆう」の写真

第四章　新生日本へ熱き青春

自由！　夕焼けに感動して親のもとに

電車を降りて家に向かう道で夕焼けになりました。ああ私は自由だ！　久方ぶりに見る外の景色の何と素晴らしいのだろう。この美しさは生涯忘れないだろうと思いました。

突然帰ってきた私を迎えて、祖母、父、義母、そして兄（四月に召集解除になっていました）はびっくりして、大喜びでした。積もる話の前に、まず私はそっとモンぺと下着いっさいを脱ぎ、大鍋で煮沸してもらいました。これで何とか留置所のおみやげは持ち込まないで済んだのでした。

意気軒昂として帰った私でしたが、兄はその時の私は青白く栄養失調であまりに痩せていてビックリしたと言います。考えて見れば八ヶ月もの間殆ど陽に当たらず、入浴も留置所では二回（相川さんの裁量）、刑務所で二回（お湯の中を歩くだけ）手拭いで身体は拭いていたのですが、後は一日中座っているだけだったのですから……。その日のお風呂では吃驚する程の垢が出ました。

暫く人間らしい生活を取り戻したのですが、当時の食料事情では栄養失調をとり戻すのは容易なことではありませんでした。すでに片瀬沖には連合軍の艦船が何隻も見られ、「米軍が上陸したら婦女子は何をされるかわからない。男の格好をしろ」とか、「疎開した方が良い」とか、まことしやかにいう者もいました。一方、もの言えるようになった兄たちは友人たちと語り合い、当時片瀬にいらした中西伊之助さんの家にお訪ねしたりと、毎日のように出掛けていました。国は戦時中、徹底的に国民を弾圧して反対できなくさせていたのに、敗戦後の東久邇内閣は「敗戦は国民が徹底的に反省すべき」として恥ずかしげも無く国民総懺悔を唱えたのでした。

無条件降伏と新しい日本の出発

九月二日、ミズーリ号の上で無条件降伏の調印式が行われ、いよいよ新しい日本の第一歩が始まりました。果たして占領軍は神国の呪縛を解き、思想信条の自由、言論結社の自由を保障するのか、男尊女卑の封建的秩序を変えられるか息詰まるような日々でした。中西伊之助さんは新聞で「人民文化同盟結成」の呼び掛けをし、何人もの人が集まっているとのことで、兄は入り浸りでした。

日本が受諾したポツダム宣言は「政府は日本国国民の間に於ける民主主義的傾向の復活強化に対する一切の障礙を除去すべし、言論、宗教及び思想の自由並に基本的人権の尊重は確立せらるべし」と謳っていたのでした。占領軍はこの宣言を実行に移さなければならなかったので、マッ

出獄する政治犯を出迎えるデモ。
正面の女性の左斜め後ろ3人目に兄の淳が写っている
（出所：『写真集　宮本百合子―文学とその生涯』大森寿恵子編著、
新日本出版社、1976年、56ページ）

カーサーは連合国軍最高司令官として一〇月四日「政治犯の即時釈放、思想警察の廃止、市民の自由を弾圧する一切の法規の廃止、停止」（自由の指令「政治的民事的及宗教的自由ニ対スル制限ノ撤廃ニ関スル覚書」）を発令しました。

いよいよ時来ると「人民文化同盟」は一〇月一〇日政治犯釈放の出迎えに、前日から用意した「人民戦士出獄万歳」と大書した大旗を持って、府中刑務所に出迎えに行き、デモに参加しました。この時の報道写真はアメリカの週刊誌『ライフ』にも載りました。

私は私で、岸本さんを紹介してくれた幼なじみの黒石さんから「ともかく忙しい。東京に出て来ないか」と連絡があり、居ても立ってもいられない気持になって、家を出て、彼の斡旋する下北沢の食付き下宿に住み、ガリ版刷りなど一生懸命手伝いました。ともかく自由な新しい世界を展望して、疲れもひもじさも感じないほど心が高揚していたのです。

一〇月一〇日、釈放になった方たちが、とりあえず国分寺の自立会というアパートを宿舎に当て、共産党の党活動再開の準備をしているが猫の手も借りたい忙しさなので、何でもいいから手伝ってくれないかと黒石さんから話がありました。

自立会へ—宮本百合子らと出会う

まだ健康を取り戻してない私を心配している両親に何と言ったか忘れましたが、私はすぐ自立会に行き、そこに泊まり込んで、食事の世話や掃除やら子供の面倒やら雑用でも何でもやりました。

当時自立会には春日正一夫妻、紺野与次郎夫妻、黒木重徳、山辺健太郎など共産党の幹部だった方たちや予防拘禁（治安維持法での事前拘束逮捕制度。一度刑期を終えても、再び思想犯罪を犯すと見なされれば、裁判なしで逮捕拘束できる、事実上の無期懲役）されていた方たちが何人も居られ物凄い熱気に包まれていました。張り切る私を皆さん快く受け入れてくださり、浅井ミチさんという再建された党本部の受付をしている初老の婦人と同室を与えてもらいました。警察

日本平和婦人大会の準備会（右上、宮本百合子の右後ろに槇ゆう。左端に勝目テル。出所：48ページと同書、59ページ）

で酷い目にあった経験も持つという、華奢ながら芯のある優しい方でした。私はすぐ共産党に入党、推薦人は黒木重徳氏でした。掃除、洗濯、料理、子供の世話と寸暇も無く働くうち、宮本百合子さんにお会いしました。

本部の婦人部で人手が足りないということで、代々木の党本部に通うことになりました。党本部と言っても、モルタル、バラックづくりの二階建てで貧相な建物でしたが、中は熱気で溢れていました。一階は土間で粗末なベンチと木の机には何時も来客でごった返しになっていました。

日本共産党本部の婦人部で

婦人部は二階の左隅にあり仕切りなど無く、五～六人しか座るスペースしか無くて、立って打ち合わせする事もあります。部長は袴田里見中央委員でしたが青年部と兼任で多忙、部員は私の他もっと若い女性たちで、実際指導に当たっていたのは宮本百合子さんでした。そのうち一〇月二日、漸く執行猶予の判決で釈放になった岸本さんも実家で少し静養のあと一一月八日、本部に見えて入党したので、私たちは再会し彼女も婦人部で働くようになりました。

その頃の婦人部の仕事は、一二月一日〜三日、戦後初めて開かれる第四回党大会と、そのための全国協議会の準備でした。そのためには婦人問題の現状とか、問題点、党の主張、運動の進め方などを話し合い、文章化しなければなりません。その間に、絶え間無くやって来る雑誌や報道関係の取材に応じるなどもあるし、あちこちで始まった労働組合運動の支援や、婦人部を作る相談

新生日本への首途

各政黨婦人部を訪ねて

『婦人朝日』に掲載された槇ゆう
（出所：第二部中扉と同じ）

など様々な要請や援助活動などが目白押しでした。

いろいろ公的な場に出ることもあって、私と岸本さんは二人とも家族に内緒にしていることを百合子さんに話したら、すぐペンネームを考えて下さり、私は「槇 ゆう」、岸本さんは「岸本あき子」となりました。

名の知られた方々がまだ代々木に顔を出していられなかったので、二〇歳そこそこの二人が党を代表するような立場を背負わなくてはならないことになってしまいました。それがどんなに身に余る仕事であっても、そんな事を言っていられない。どうにもならない時代の波に引きずられたというべきか、ただ夢中にひたむきに、その日その日をこなしていたのが実情でした。

槇 ゆうの名で演壇に

一二月八日、神田共立講堂で開かれた「戦争犯罪人追及人民大会」には婦人代表として岸本あき子が、一二月一七日の日比谷公会堂で行われた新婦人同盟の主催による「各政党の政策を聞く会」には槇 ゆうが出ることになりました。

人民大会の方は聴衆五千人を前に堂々とした彼女の勇姿は日本ニュース映画二六三号に残され、その後亀井文夫監督のつくった「日本の悲劇」という映画にも取り上げられています（五三ページ写真）。

私の方も二〇〇〇人を超える聴衆でした。北玲吉（自由党）、片山哲（社会党）、鶴見祐介（進歩党）と著名な政治家にまじって寮母としておかっぱのモンペ姿で若い女の子が演壇に立ったので注目を浴びたようでした。私は何を話したか覚えて無いのですが「女性の労働権、生活権、休息権を認めよ」と主張して満場の拍手を浴びたという記事があったようです。

戦争犯罪人追及人民大会の岩本あき子
出所:『人の世の旅人—岸本みつ子伝』斎藤晴子・村井てる子（岸本みつ子の妹）著、1986 年、口絵

党大会で婦人の行動綱領を報告

婦人の行動綱領については何回か自立会で百合子さんと会合し、また勝目テルさん、大町米子さんを中心に本部の私たち若者が七〜八人集まって討論を重ね、一一月一七日には婦人部の部会で草案を作り上げました。これは一二月一日の『民衆新聞』に載り一二月五日の『赤旗』に草案として発表されました。そして一二月一〜三日、党本部で開かれた一九年ぶりの第四回党大会で婦人行動綱領として採択されました。内容は男女平等の参政権、同一労働同一賃金、

封建的な家族制度に基づく民法上の無権利状態をなくす、炊事洗濯等家事労働の合理化、工業化などなどでした。

一九四六年（昭和二一年）二月二四日、京橋公会堂で開かれた第五回党大会で、婦人問題についての報告をしたのは槇ゆうでした。婦人部長は相変わらず袴田さんだったのですが、彼は青年部の報告をするので婦人の問題は私にやるようにと言われたのです。私は綱領の説明はともかく、運動論についいては無知だったので、党本部の考えに従って、袴田中央委員と文案を作ったのでした。ともかく私たちは、今にも人民共和政府が生まれるような昂揚と熱気に浮かれていたような所がありました。こなれていない生硬な言葉づかいや、婦人論丸写しのような表現をいわゆる婦人運動家たちはどんな目で見ていたのかと思うと恥ずかしいことでしたが、ともかく当時引き受け手がいないのだから、やるしかなかったのでした。

新憲法に男女平等と女性の権利条項を入れたとして有名なベアテ・シロタさんは私と同い年でした。各国の憲法を参考にしたそうなのですが、日本でも先進的な婦人行動綱領が発表されていた事を知って欲しかったと残念な気持ちがしてしまいます。

青年代表として「放送委員会」に

槇ゆうはラジオ放送にも三〜四回党を名乗って出ています。『婦人朝日』や『ライフ』の取材にも婦人部員として会って写真に撮られたり、また一九四六年（昭和二一年）の一二月には占領軍の民間情報教育局（Civil Information and Educational Section, CIE）のウィードという女性の中尉にお会いしたこともありました。意見を聞きたいということでした。とても感じの良い方で日本の婦人の問題について良く勉強し理解もしていられるようで私の話はスムーズに通り、お互いに好印象を抱いた話し合いでした。その後ＧＨＱは放送の民主化政策の一つとして、民間の委員による「放送委員会」を発足させましたが、その一九名の中に私が入っていたのです。その委員は荒畑寒村、土方与志、宮本百合子、加藤静枝、岩波茂雄、矢内原忠雄、聴涛克己、等々名だたる方ばかり、無名なのは私くらいという顔ぶれでした。

青年の代表として瓜生忠雄さんと槇 ゆうということでした。

放送委員会とは日本の民主化のための日本放送協会（ＮＨＫ）会長候補の選出、ＮＨＫ再組織案の作成、放送基本方針の立案がその任務ということでした。そしてこの人選については、逓信省の出した名簿は公職追放者が多数入っていて、ＣＩＥが受け入れるようなものではなかったそうです。逓信官僚の頭は全く変わっていなかったという点では憲法草案の政府案と同じでした。これらは皆後で知ったことでしたが、ともかく放送委員会は左翼系の強いものでした。政府言いなりの日本の放送を国民のものにするための重要な任務を持った委員会だったのでした。

一九四六年（昭和二一年）一月二二日第一回の会合が開かれ、日本放送協会会長候補の選出をするのが目的でした。私は全く解らないので、百合子さんと同じ意見にしました。百合子さんはとても説得性のある言葉で会議をリードし、私はますます尊敬を深めたのでした。

市吉庸浩帰還の知らせ

一九四六年（昭和二一年）二月のある日、党本部にいた私のところに兄が片瀬から訪ねて来て、市吉庸浩さんが戦地から無事戻ったらしいと知らせてくれました。（私は自立会と党本部の行き来の生活で実家に帰っていなかったのです。）

庸浩さんが無事帰ってきた。死なないで帰ってきてくれた。胸をつく喜びで真っ赤になった私の顔を見て、兄は「兎も角俺が市吉君の家に行って来る。御両親もどんなにか喜んでおられるだろう。市吉君に会ったら、言い交わした人がいるかどうか聞いて来るから」と言ってくれました。私は勝手に初恋をして勝手に思い続けて待っていたのだから、六年もひたすら彼を待っていた事など庸浩さんは全く知らないのだと思うと、ただ祈るしかありませんでした。片瀬の実家に帰って一日千秋の思いで兄を待ちました。

兄は市吉家で大層歓待され、庸浩さんとも感激の再会をして、率直に「実は妹が…」と話した所、「麻布で読書会をしていた頃、友達が妹さんの話をしていた。僕はずっと一兵卒での戦地の生活で、帰還が決まった後も、捕虜収容所でアメーバ赤痢や、マラリアにもかかって栄養失調でもあるが、体調が回復次第是非お会いしたい」とにこにこ顔で話してくれたと聞いた時は、天にも昇る心地になりました。彼は上官に殴られた時前歯が三本折れたままなのも治してからと言っていたとか、頬はこけ、痩せていたがとても元気で、今何をなすべきか真剣に語り合ったと兄は大満足でした。

四月になって彼が代々木の党本部に訪ねてきました。まだ復員のやつれは残しつつも私の夢に描いた人は、柔和ながら凛々しく引き締まった顔で目の前に立っていました。胸の高まりを抑えながら私は幹部に紹介したのですが、東大事件の仲間だった木村三郎さんがもう本部では大活躍をしていて、再会を喜んで、すぐに彼を連れて行ってしまいました。庸浩さんはその時、朝日新聞社から入社斡旋があり、（東京帝国大学卒業後朝日に採用、山形で記者時代逮捕により退社）迷っていたところを、木村さんが強引に機関紙赤旗に誘い込み入党もしたようでした。それから時々私たちは忙しい仕事の合間に顔を合わせるようになったのですが、話す機会に恵まれ無いまま、間も無く彼は正式に父に会いに片瀬の家を訪れる事となりました。

庸浩さんが片瀬に見える！

市吉さんが私を結婚の相手として父に挨拶に来るというので、我が家は大騒ぎになり私を除いて一番はしゃいだのは継母の寿子お母さんで、大歓待し、とっても素敵な人と言ってくれました。

彼は私を妻にしたいと申し込んでくれました。

その日の夕方、庸浩さんと私は一緒に小田急で東京に帰りました。二人は初めてゆっくり話し合ったのですが、話は途切れる事無く、瞬く間に新宿に着いてしまい彼が私の思っていた通りの人で、家庭の環境も似ていたし、感性も価値観も同じで、全く違和感無くそれはとても楽しい会話でした。彼も早速家族に引き合わせたいとそのまま高円寺の市吉さんの家に連れて行ってくれました。父上、母上、妹さん一家、弟さん皆さんが揃って歓待して下さりとても幸せな気分に浸りました。

熱い言葉が連なるラブレター

そして二～三日後、庸浩さんからラブレターが届いたのです！

「自分はあなたを心から愛しています。愛は奪うものにあらず、与えるものなりとは自分の信条だが、今の自分は尾羽打ち枯らし、あなたにあげるようなものは何一つ無い。けれど信じて欲しい。あなたに捧げる愛は誰よりも強いということを」。

何と素敵な愛の言葉でしょう！　嬉しくて泣きたいくらいでした。

私は今まで片思いだと思っていたのに、その相手からこんなに愛されるなんて、これほど幸せなことがあるでしょうか。何度も何度も読み返しました。

私の初恋の人が戦地から帰って来たので結婚します、と百合子さんをはじめ皆さんに報告しましたが、皆さん祝福して下さいました。運命の偶然か生死を共にしたあの岸本さんも、社会主義への道を拓いてくれた兄さんの友達でフィアンセが無事復員し、党本部に働き始めたということで四月末に結婚されました。

私たちも一日も早くと思ったのですが、戦後初めてのメーデーが迫っていたし、庸浩さんが仲人に成蹊の親友、榊原医師を頼みたいと言い出し、いろいろ準備もあったのでメーデーの後、五月一二日を結婚式と決めました。会場は杉並区馬橋四丁目（現在、高円寺北）の市吉家となり、お祝いの宴も引き受けて下さいました。その頃食べ物が不足、栄養失調の庸浩に食べさせるため大変苦労していられると聞いていたので、有難いことでした。

結婚に際しても何も持たないで良いからと言って下さり、私は自分の布団を送っただけで、スーツらしい一張羅を着てリュック一つ背負い、オカッパのままでお嫁に来たのでした。戦災で何もかも失った身では仕方が無いと割り切っていましたし、何よりも今日から一緒に暮らせるという喜びで一杯だったのです。

第五章　二人で歩む人生へ

初のメーデー、そして結婚式

メーデーで二人は手をつなぎ、歌を歌いながら興奮して歩いた後別れ難く、また市吉家に行って話し込んだのですが、その時彼は父母と同居してくれるかどうかと聞かれました。

長兄惟浩さんは既に一家を構え別居していらしたし、次兄の祥郎さんは労働組合のストを応援したことで特高に検挙され、酷い目に遭いそれが元で一九三八年（昭和一三年）、二六歳で亡くなり、すぐ下の弟淑晃さんは海軍に志願、内地の福山で特殊潜航艇（人間魚雷回天）の訓練中事故で戦死されていました。

こんな事情もあり母上は庸浩の無事帰還を人一倍喜ばれ、一緒に住みたいと強く望まれたと思います。私は早く母を亡くしているし舅、姑、お二人ともとても好感を持てたので迷うこと無く大丈夫、良いですよと答えました。

結婚式は、市吉家は、舅、姑、義兄と、可愛い姪、義妹夫婦に幼い二人の子供、私と同じ年の義弟、安江からは祖母、父と継母と兄、それに仲人役の榊原芳樹医師という顔ぶれで、テーブルの上には可愛い紙で作った赤旗が二本交差してありました。苦心して集められた食材で、素晴らしいご馳走ができていて、終始和やかに心からの祝福を受けた結婚式でした。

お客様が帰り、決められた二人の部屋に入ったら、可愛い紫檀の姫鏡台と一棹の箪笥がおいてあり、姑が私たちに下さったということでした。何も無かった私にとって本当に有難いことでした。鏡台はずっと重宝していて、いまも姑を想うよすがになっています。

百合子さんからお祝いとして、「うららかな春はきびしい冬のあとから来る可愛い蕗のとうは霜の下で用意された」と自筆で紫地に染め抜いた小風呂敷を頂きました。

彼の喘息発作に驚く

新婚三〜四日目の夜中、庸浩は喘息の発作を起こしました。

隣の床で起き上がって、ヒューヒューと息苦しそうに肩を丸めていてとても苦しそうで、びっくりして肩をさすると、薬を飲んだから大丈夫と言います。喘息は持病だが、戦地では起こらなかった。気候や気圧の関係だから心配しないでも良いと言いました。

私はどうしたら良いのかオロオロしてしまいましたが、同居の義弟清高さんが医者で相談に乗ってくれ、私が保健婦の履修をしていて注射ができるので発作が起きたら、エフェドリンの皮下注射を打つのが一番ということを教えて下さいました。

それからというもの、毎晩休む前に煮沸消毒した注射器とエフェドリンのアンプルを枕元に置き、隣でヒューと言えばすぐとび起きて注射をしてあげました。タイミングが合えば、苦しい発作を起こさないで済んだので嬉しかったのでした。

喘息の持病など全く知らずに結婚したのですが、それが解ったと言って後悔など微塵も無く、自分が保健婦の勉強をしていて本当に良かったと思いました。この持病は一生彼を苦しめ短命の原因になったのですが、その時はそんなこと考えもしなかったのでした。

その頃社会は民主化を受け入れ、大衆運動が盛んになり、目まぐるしい動きでした。新婚旅行どころか二人とも毎日駆けずり回っていたので、お互いに話すことも山ほどあって、寝る間も惜しい生活でした。人民の、人民による、人民の政治、人民共和政府の樹立のスローガンの下、「報われることを期待せず、人民に奉仕する」を合い言葉に純粋に、理想に燃え、ひたすら日々の出来事の対応に追いかけられていました。

庸浩さん、オルグとして北海道に

新婚一月経たない六月の初め、彼は共産党のオルグとして、北海道に派遣されることになりました。国鉄（現在のＪＲ）の労働組合の闘争が、難しい問題を抱えているらしく、彼は重い責任を背負っての長期出張だということでした。

丁度喘息の季節に入り、注射も増えていたのですが、そんな事をおくびにも出さない人ですから私としては身体のことが心配で仕方がありません。都委員会からの派遣でしたので毎日消息を聞きに行きました。

梅雨に入って寒い日があり、セーターをもう一、二枚届けたいと思い、つてが無いかと頼みにいきました。親友の木村三郎さんが親切に動いてくれ良いということになったので、荷物に手紙を付けていそいそと持って行くと、急に駄目になったと言われました。

私は今まで耐えに耐えて来た彼への思いと、届けられない無念さとすべてが入りまじって、同志たちの前で、思わずわっと泣いてしまいました。それが尋常の泣き方で無く、しゃくりあげての大泣きで、どうしても止まりません。

自分でも初めての経験でしたが皆をすっかり驚かしてしまいました。木村さんもびっくりして泣きやむまで側に付いていてくれました。やっと泣き止んだとき、「君は本当に彼の事を愛しているんだね。市吉君は幸せだなあ」「荷物は僕が責任を持って届くようにするよ」と言ってくれました。

庸浩さんの方も私を気遣って長い手紙を何遍もくれましたが、何とそれはびっしり書かれたレーニンの著書の抜粋だったり共産主義者の真髄の講義だったり、とにかく新妻の理論水準を上げねばと、超多忙のオルグ生活の中から「同志澄枝」と呼びかけながら書いてくれたものでした。何しろ彼は資本論を全巻マスターした上、さらにマルクスやレーニンの著書を何冊も読んでいて、兄など足下にも及ばない理論家でした。論文の抜粋の間には脚注庸浩として注意書きもあり、中には事務用箋七〇枚にも及ぶ大論文の手紙もあり、彼が命をかけて戦っている情熱が伝わって来るものでした。

残念なことに、当時の私はそのような誠意溢れる手紙に感激はしても、その内容を直ちに吸収して自分を高めるような実力も無く宝の持ち腐れ状態で、日々を追いかけられて過ごしていたのでした。でもこの手紙は大切にとってあって、今も手元にあります。

この時のお宿を引き受けて下さった当麻勇作氏は、彼が亡くなったと聞いてお手紙を下さいました。

「市吉さんは寸暇を惜しむように本を読んでいました。話が学習のことになると彼の独壇場でした。オルグ全員参加の道党会議では、現場を無視した抽象論が多い中で、市吉さんの発言は現場の実情を把握されそれを大切にされた具体的な提案で、一番適切で皆が納得がゆきました。」とありました。

槇 ゆうの多忙な日々

安江澄枝は結婚して市吉澄枝になりました。でも槇 ゆうはそのままでしたから、相変わらず走り回る日々が続きました。

常磐炭鉱のストの応援に行き始めて炭住という長屋に泊まり込んで話し合った事もありました

し、高倉テルさんの選挙応援に松本に行き、応援演説に立った事もあり、いわさきちひろさんが聞いていらしたと、随分後になって伺い恐縮したり、ともかく行ってくれと言われれば、それが自分に与えられた任務と思い、力を振り絞って対応したのです。

庸浩も私も全てを人民のためにと、共産党の活動に全ての生活を捧げたのでした。特に私は唯物弁証法と科学的社会主義を学んだだけで、党の歴史や指導者については無知に等しかったので、ただ徳球さん（徳田球一）や幹部の方達の言われるまま走り回っていたのでした。

それにしても、京橋公会堂で開かれた第五回党大会の婦人部報告などの大役をよくも引き受けたものと驚くのですが、当時の党は婦人の問題についてそれほど力をいれていなかった、いやそこ迄手が回らなかったと言えるのかも知れません。ただ年内に発表した婦人の行動綱領は新憲法草案に先んじていた事だけは言えると思います。

人民文化同盟機関紙『人民戦線』第四号に私の寄稿した「「女らしさ」にかわって」（奴隷根性を捨てよう）を読むと「民主主義は男も女も別無く、人民の自由と平等を約束する」と始まり最後は「「女」「女」と特別に考えるのはよそう。女という特別な人種はありはしない。（中略）私たちは真に人間としての自分に目覚め独立した一歩一歩を世界の婦人たちに負けずに踏み出そうではないか。そこにこそ敗戦日本の正しい発展のみちがあるのだ」「日本の婦人たちに今最も必要なことは、「女らしさ」では無くて「人間らしさ」である。」と結んでいます。六八年も経った今もなお通ずるものがあるのではないでしょうか。

一九四六年（昭和二一年）一月一二日、亡命一六年という野坂参三が延安から帰国し歓迎国民大会には三万人もの人が集まりました。彼は「愛される共産党」を呼びかけ、国民の中に植え付けられた「アカ」や「非国民」の暗いイメージを取り除こうとされました。夫人の竜さんも本部に来られるようになって大町米子さん、松崎濱子さん、志田重夫夫人など婦人部を引き受ける同志の方々が、次々顔を出されるようになって、漸く槇 ゆうの背伸びの大役は終わり、二度と登場することは無くなりました。

その後私はオルグとして、東京の東部地区の工場地帯で、組合婦人部をつくる活動をするようになり、日立や東芝の工場にも出入りした事もあります。

肺尖カタルになり片瀬で療養

六月頃になると、釈放後の無理がさすがに出て来たのか微熱と疲労感に悩まされるようになりました。医師の診断によれば、肺尖カタルということでしたので、残念ながら放送委員会も退任しました。翌年三月から、しばらく片瀬で療養することになりました。

片瀬は祖母、父、継母、兄の四人家族で、配給で食べ物に苦労していた時代、一部屋を提供され皆で親切に迎えられ、すっかり娘時代に戻り、幼い子供のように甘えてしまい、人の良い優しい継母を驚かせてしまったかも知れませんが、「お母さん」という言葉が自然に出るようになり、絆は深まりました。

庸浩さんは北海道での国鉄オルグの仕事を終えて東京に帰り、東京都委員会のオルグ活動の後、中部地区委員長になりました。会議が多くそれもタバコもうもうという中で、喘息にはさぞ辛かったことと思います。

私は片瀬療養を終え元気になり、一九四八年（昭和二三年）九月東京に帰って来ました。その頃には、市吉家は杉並区馬橋から中野区上高田に引越していました。彼の喘息は、夜は毎日のように発作がおきていました。彼はそのような事を仲間の方達に言わないので、誰も彼が喘息持ちとは知らないようでした。その時の都委員長は白河さんでしたが彼の人柄と仕事ぶりを信頼され、彼も又それに応えて二四時間を捧げる意気込みで働いていました。そして一九四九年（昭和二四年）には白河委員長の辞任の後、彼が都委員長に選ばれたのでした。

1949 年（昭和 24 年）5 月 12 日
結婚記念日

ポツダム宣言を受けて無条件降伏した日本は空襲の恐怖から解放され、灯火管制の暗い夜から明るさと安眠の夜を取り戻しました。鬼畜米英と言われた米軍の日本進駐が始まり、マッカーサーはその総司令官になり日本の民主化に着手、矢継ぎ早に「マ元帥司令」を出しました。ところがその指令は、鬼畜どころか、農地改革、財閥解体、治安維持法の廃止と政治犯の釈放、労働者の団結権の保障、女性の参政権、放送の民主化などなど、私たちの人民政府の目指す政治と一致していたのです。私たちは一時進駐軍を解放軍と位置づけたこともありました。これらの改革を指導していたのは、民政局長官のホイットニー准将らであり（彼は本国でも有名なリベラリストの弁護士だったといいます）、彼らは本気で日本の民主化を達成しようと、新憲法草案を練り上げたグループでした。

しかし一九四八年（昭和二三年）になると朝鮮に朝鮮民主主義人民共和国と、大韓民国が樹立、続いて中国では蒋介石との内戦に勝利した毛沢東が中華人民共和国の樹立を宣言するなど、世界が大きく変わり出したのを受け、占領軍も民政局関係者は更迭され、反共の参謀第二部部長・ウイロビーの影響力が大きくなってきました。彼は一二月にA級戦犯を釈放したので、岸信介、児玉誉士夫、大川周明らの人たちが返り咲いたのです。

新憲法の公布、コミンフォルムの批判

一九四六年（昭和二一年）一一月新憲法は公布され、翌年五月施行、民法も改正され男女同権、家制度の廃止も実現しましたが、一方で一九五〇年（昭和二五年）には警察予備隊が設置、経済

安定九原則にはスト禁止が盛り込まれるなど米占領下の政治は急速に反動化に動いていました。

一九四九年（昭和二四年）一月には敗戦後初めての総選挙が行われ、共産党は三五人の当選者が出ました。しかし四月には団体等規制令が出てそれはレッドパージに繋がるなど、そしてさらに、下山事件、三鷹事件、松川事件と共産党員に罪をなすりつける冤罪事件など世の中を騒がせる事件が相次いで、党の活動も困難に直面していました。

そんな中、一九五〇年（昭和二五年）一月、コミンフォルム（共産党・労働者党情報局の略称、ヨーロッパの共産党・労働者党が加盟した国際組織）機関紙に「日本の情勢について」という論文が突然発表されました。その内容は野坂参三中央委員を名指しで糾弾する内容だったのです。

党内はその受け止めについて混乱、対立もあり収拾に至らないでいた六月、マッカーサーは突如、吉田首相に書簡を送り、共産党を「民主主義的傾向を破壊する」として全中央委員二四人の公職追放を指令し、その政治活動を禁止しました。このため党幹部は全員地下活動に入ったのでした。庸浩は東京都委員長という要職を務めていたので彼も家を出ることになりました。

喘息持ちの人が毎日のようにタバコもうもうの環境で会議が続いたら、発作が酷くならない訳がありません。家で手当も受けられなかったら！　仕方なく彼は薬の過剰投与に頼らなくてはならなくなり、胃腸、肝臓もすっかり壊し、痔も悪化、薬も効かなくなって、常時喘息発作を起こすようになったようでした。その上、後に除名された関東地方委員長が彼の上部にいて、極左的な跳ね上がりのとんでもない指示を出すので、納得できない下部組織との間で板挟みになり、心労も激しく心も体もめためたになったと想像できます。

庸浩は党の中のことは全く言わなかったし、私も聞くことはしませんでしたが、以心伝心、彼の悩み苦しみは伝わってきました。

庸浩、都委員長を辞任―二人のための生活確立へ

一九五一年（昭和二六年）八月、体力の極度の消耗が認められ、庸浩は都委員長を辞任、一年ぶりに家に帰ってきました。それから再起する迄の一年間は私と庸浩のどん底の時代でした。絶え間無く襲う喘息の発作、命迄かけた思想、信念への揺らぎ、「死にたい」と呟くほどの心の悩み、この人を救わねばと私は必死になりました。

「今まで私生活は棚上げして、全てを人民のためと我慢して来たけれど、子供を産んで第二の人生を踏み出そう」という思いが激しく心を突き上げて来たのです。

私は荷の重かった槇ゆうを返上して片瀬で肺尖炎の療養をしていましたが、幸い恢復して東京に帰ってからは保健婦の資格も取って働き始めていました。後藤勵三先生（結核療養所で名医として有名）が院長をされている城西診療所に、保健婦として勤務して働き、先生の助手のように往診に付いて回り、カリエスの患者の包帯交換や肺結核患者の気胸のお手伝いや梅毒患者の便の

掻き出しまで、先生と自転車で何でもこなし懸命に働いていました。

後藤先生は医療保護の患者を差別する事無く誠心誠意扱われました。自費では払えない貧乏な患者は多く、私は得難い人生経験をした上に、先生の大らかな人を包み込む人間性に感動し、ますます尊敬の念を深めたのでした。

第三部
税理士編

家族４人となって
左から庸浩、安子、澄枝、伸行
（1955年（昭和30年）９月18日）

第六章　二人の母親となって

悪性悪阻、安子出産

このような時庸浩の地下活動や家での療養が始まったのですが、一九五二年（昭和二七年）一月、私は激しい悪阻に見舞われたのです。悪性悪阻と言われ、診療所は退職しました。熱望していた妊娠だったので、激しい吐き気にも耐えられたし、何よりも失意療養中の庸浩が私を心配してしっかり介抱してくれ、それは彼の恢復にも役立つように思われ嬉しかったのでした。

ただ、その時の市吉家、特に姑は、全身疲労の息子と青い顔をして吐くばかりの嫁と二人の病人を抱えどんなにか気苦労されたかと申し訳なく思います。義弟の清高さんはブドウ糖やビタミンの注射をしてくださった上、後に結婚されるベテラン看護婦・鈴木君子さんから一〇〇ccの輸血をいただくなど、至れり尽くせりの対応をして下さるなど本当に恐縮したのでした。こうして皆さんに見守られながら、四ヶ月に入ると吐き気も軽くなって食べられるようになり、元気になりました。夫婦二人とも寄食しているのは余りにも申し訳なく、私は内職を見つけてガム貼り（駄菓子屋の店頭でボール紙にガムを一枚ずつ貼って売っていた。それを貼る内職）や、機械編みの下請けなどに励みました。

そして七月六日、清高さんは目出度く鈴木君子さんと結婚され、姑はやはり同居を希望されたので、我が家は三夫婦同居の賑やかな家庭となりました。

庸浩も何とか元気になって一〇月五日、月満ちて長女・安子が生まれました。終始立ち会ってくれた庸浩もお姑さんも大喜び、その時お姑さんは七〇歳に近かったのに、出産後に入院の付き添いやら赤ん坊の世話やら引き受けて下さいました。

実母はすでに無く、継母にはまだ遠慮のあった私の事情を思いやっての事と解り、私も素直に受け止めたのですが、お姑さんにとっては、ゆっくり寝る事のできない大変な仕事だったと思います。庸浩は体調も漸く快復して、親になる責任を感じたようで少しずつ就職探しをしているようでしたが、なんと安子の生まれたその日、友人の徳原さんの紹介で公認会計士・野沢弘馬事務所に就職が決まり二重に喜びの日になりました。

会計士事務所はもってこいの仕事だったようで、半年もかからず六〜七件の税務を任されるようになり、翌年の七月には先生の勧めで税理士試験を受験、暮の発表で二科目合格していて先生を驚かせたということでした。それでは次は会計士試験だと励まされて翌年一九五四年（昭和二九年）には会計士二次試験に挑戦、これも合格し野沢先生はびっくりされたと言います。貧乏な私たちの懐からは塾などに行く余裕など無かったので彼は昼休みなどの寸暇を利用して、本屋の立ち読みで勉強したとのこと、やっぱり凄い人だなあと私も驚嘆してしまいました。

会計士二次試験に合格したということは、会計士補として開業ができるということだったから、天下晴れて一九五五年（昭和三〇年）三月、市吉会計事務所を立ち上げ、その所長となり、私はその手伝いをして専従者給与をもらえる事となりました。会計士補は申請により税理士も開業が認められたので翌年の三月には税理士も登録し、監査の手伝いと何件かの税務の仕事先もできて彼の第二の人生が動き始めたのです。庸浩四〇歳、私は三三歳でした。

舅の習字塾のお手伝い

日本共産党はその年の七月六日全国協議会を開催し、党の分裂状態からの回復と極左主義、セクト主義の克服がなされたということで、市吉に党に戻らないかと誘いがあったそうですが「自分は政治家には向いていないから」とお断りしたと言っていました。

その頃、舅・崇浩（たかひろ）が退屈そうなのを心配して、子供相手の習字塾を開いたらという話が出ました。舅は戦前、三菱商事の駐在で中国に長く暮らしたのですが、仕事の傍ら書を集め、造詣が深かったのです。塾の話におじいちゃんも大乗り気になられ、手に覚えのある私がお手伝いすることになりました。

私もやる気になり、代々木文化学院に文化書道講座のある事を見つけ自転車で通いました。さらに巣鴨にある東洋大学に通い、書道と書道科教育法の単位を習得して証明書をもらい一九五七年（昭和三二年）七月、文部省に「日本習字学会上高田支部」と申請して認可が下り（同年九月）、正式に発足することができました。区立上高田小学校のそばにある町会の北会館を借りて、硯、毛筆、半紙など揃えて座り机は会のものを借り、いざ始めると余り宣伝もしなかったのに子供達が一〇人二〇人と集まり行儀良く習字を習うようになりました。

舅と私だけでは手が回らなくなり、私の学習院のクラスの友人豊田光子さん、荒木悌子さん、木戸舒子さんなど次々お手伝いを頼んで、同級生が集まり楽しい習字塾になりました。私たちは女学校で習字の時間があり、尾上柴舟という名の知れた先生に習っていたので子供の習字指導などは自信が有ったし、豊田さんは自分も東洋大学の免状をもらって本格的でした。

中野保健所の小原先生と「お母さんクラブ」

その頃上高田の家の近所は幼児が三〜四人いて母親達も仲良く、特に中野保健所に行く時は子供を乳母車に乗せて、親達は一緒に歩いていきました。保健所には小原鶴子先生がいらして育児に積極的な取り組みをされ、臨床医との座談会、心理学の先生を呼ぶなどの企画をして下さいました。私たちが積極的に参加するので「お母さんクラブ」を誕生させて自由な活動をしてみたらと勧めて下さいました。私も大賛成だったので一九五四年（昭和二九年）暮に発足しました。保健所の肝いりでチラシを用意してくれたので、会費は年一〇〇円で機関紙を年六回発行することを決めました。

上高田お母さんクラブの遠足

中野区の各出張所も協力して広報に載せたりして一時は会員が広がりましたが、上高田のお母さん達が一番活発で次々よいアイデアを出し合って結束も固く、一九五八年（昭和三三年）には「お母さんクラブ上高田支部ニュース」を独自に出すなど発展して行きました。

春秋の子連れ遠足、すぐ小さくなる子供の服を互いに安く交換する会をして盛り上がったり、講演会には著名な先生方（例えばラジオドクターの石垣純次氏、愛育会の山下俊郎氏、東大教授東 洋氏、国立栄養研究所長有本邦太郎氏、法政大幼児心理学の早川元二氏など）をお呼びしたりして独りぼっちのお母さん達の強い味方の役割を果たしたようでした。明治牛乳や雪印乳業など会社見学会もして、小原先生の協力もあって幅広い活動をしました。

一九五八年（昭和三三年）四月には交代で子供の預かりも始めました。母親が子供に縛られるのは昔の事、良い母親は健康な社会人であり明るくほがらかさで家族の中心になろうと、何度か相談の上踏み切ることにしたのです。

当時としては画期的な事だったらしく『中野新報』という新聞に載り、「子供を預け合い、母としての勉強に励む」と詳しく報道してくれました。これも仲間が多かったので成功して母親達の人間関係が深まったようで、七月には「子連れコーラスをやろうよ」という提案があり賛成多数、早速「良い子は明るい母親、楽しい家庭にそだつといいます。嫌なことや辛いことがあってもお母さんの口から歌声が聞こえればきっと幸せと思います」とニュースに出すと早速一〇人以上の参加でこれも成立、結構長く続きました。

九月、お母さんクラブの生みの親であり支え続けて下さった保健所の小原鶴子先生が突然八王子に転勤になられました。会員は四〇〇人に達したということでしたが、ニュースを保健所に頼ることは無理のようでした。上高田支部はもう充分成長していたので先生の送別会もやり、コーラスも交換会も預け合いも自分達で続けました。

私はこの頃から長男伸行を保育園に預け、税理士試験の勉強を始めたので疎遠になってしまいました。その後も上高田のお母さん達は引っ越すことがあっても仲良くしていて、今また同窓会のように毎春桜の頃会うのを楽しみにしています。

伸行の誕生、庸浩の大発作

さかのぼりますが、一九五四年（昭和二九年）暮頃から、私はまた、つわりが始まりました。今度はとても軽く経過も順調で、寝込むこともなく、舅の習字塾も元気に手伝い、母親クラブも参加していました。丁度無痛分娩が流行っていた頃で庸浩も一緒に練習したりして、一九五五年(昭和三〇年)六月一四日無事に男子を出産、伸行誕生です。お産も軽く赤ちゃんは自分の力で生まれたようにさえ感じました。

この年の三月は会計士補の資格で、市吉会計事務所の看板をかけたもののまだ収入は少なくて、庸浩は池見経理事務所の夜学の講師などもしていました。その時の気候のせいか、仕事の疲れが溜まったせいか喘息は毎晩起こり、注射の効き方も悪くなって、遂に大発作になってしまいました。伸行が四ヶ月になった一〇月なかばの夜でした。

起座呼吸になって全力で呼吸をしても、背中をどんなにさすっても呼吸困難の症状は治りません。そのうち唇にチアノーゼの症状も見られ、私は彼を後ろから支えて必死でさするばかりです。それを見た清高さんはすぐに自分の勤務していた病院から酸素吸入のボンベを運び込み、酸素吸入をして下さいました。漸く呼吸ができるようになりました。喘息の発作の怖しさを体験した私はそのショックで、よく出ていたお乳が止まってしまいました。

子供二人も小児喘息に

その頃は安子が二歳を超える頃から小児喘息が始まり、激しい咳で夜中に吐いて、着替えてはまた汚したり、伸行も四ヶ月すぎる頃寝かせると、泣いて泣いて縦抱きにすると漸く泣き止むことから、ああこの子も喘息と気づき、愛育会に行くやら、東大病院やら女子医大病院にX線療法があると聞いて訪ねたり必死に遍歴していました。そこに庸浩の大発作があり、さすがの私も一家三人の喘息に振り回された時期でした。

庸浩も、発作の後真剣に考えてくれ、「自分は長生きしそうも無い。喘息では生命保険にも入れない、自分がもしもの時、君が資格をとって一人前に働いていたら、二人の子供を育てられるだろう。税理士試験は大学卒で無くても会計事務所で五年働けば受験資格になる。幸い自分の事務所の専従者になったから、五年で受験できる。伸行が保育園に入ったら簿記学校に行って勉強を始めたら」と言ってくれたのです。

この提案が私のその後の人生を決めたと言えるのでした。

彼は経営診断士に、私は税理士の資格を!

一九五五年（昭和三〇年）一一月には安子が近所の友達と上高田保育園という、お寺（天台宗境妙寺）の経営する保育園に通いだしました。一〇月には清高さん夫婦にあや子ちゃんが生まれ、安子は急に弟と従妹のお姉さんになり戸惑ったようでした。

庸浩は彼らしく元気を取り戻し、自分は会計士として大企業の監査の仕事をするより経営診断士になって、中小企業のための仕事がしたいと言って一九五八年（昭和三三年）二月には中小企業診断員の登録を済ませ、早速神奈川県で診断の仕事を始めました。

四月には安子が上高田小学校の一年生になり、伸行は三歳になったので上高田保育園に入園してそれぞれ通いだし、いよいよ私は税理士試験を受けるための勉強を始めることにしました。

まず簿記が基本というので、飯田橋にある村田簿記学校の夜学に通うことにしました。子供がまだ小さいので、昼間は家庭のことで忙しく夕食も作って、食べさせるところからおばあちゃんにお願いして学校に通いました。

数学は好きな科目でしたが何しろ小切手も手形も見たことはなく、借方貸方が頭に入るまで苦労しました。昼間目一杯働いているので授業中たまらなくなって、居眠りをしてしまうので困りましたが、それでも翌一九五九年（昭和三四年）の簿記三級の試験に無事合格し、次の年は簿記二級に合格して庸浩を喜ばせることができました。

一九六一年（昭和三六年）になると、市吉事務所専従者五年になり税理士試験の受験資格ができたので、早速初受験することになりました。伸行も小学校一年生になったので、四月〜七月まで週二回中央大学の受験講習に通い、昼間はなかなか勉強どころでないので、朝四時や五時に目覚ましを掛けて問題集をやったりしました。

受験科目は財務諸表と固定資産税にしました。八月の受験日の前は邪魔されないで集中するために、子供のことはおばあちゃんとお父さんに頼み、友人の豊田さんの家に泊めて頂き、翌日早稲田大学の受験場に行くと、何と教室に女性はたった一人でした。極度の緊張で用紙が配られ、試験問題を見たら真っ白に見えて読めません。慌てて深呼吸してやっと答を記入しました。

自信の全く無い試験でしたのに、その年の一二月一日、何と二科目とも合格通知が届きました。びっくりするやら嬉しいやら、庸浩の喜びも私以上でした。私も気を良くして次の年は簿記論と法人税を受験しました。

子どもの喘息、私の入院

丁度安子の喘息で、東大病院、愛育会、東京第一病院と歴訪して回り、結局、国立第一病院の浅野先生が子供の喘息に理解があると感じました。そして神奈川県二宮にある分院が、喘息やツベルクリン反応陽転の子供達を何カ月か預かり、生活指導を通じて本人の力で喘息も克服させる小児病院で、浅野先生自身が院長と伺って、七月初めから学校の了解も得て入院させました。入院中は親も面会禁止という厳しさでした。八月には効果が出て発作も軽くなったということで伸行もお願いしました。姉弟二人なら淋しさも軽くなるだろうとの考えもあったのです。そんなこんなに追われて試験勉強も身が入らなかったので、その暮は全滅でした。

二宮分院は安子には効果があり、確かに喘息は軽く治まるようになりました。翌年は伸行のみ夏休みの二〇日間入院、彼も喘息を克服できたようで、浅野先生にはとても感謝したことでした。

翌年の一九六三年（昭和三八年）私は簿記論と法人税を受け、年末に法人税の合格通知をもらいました。翌年は東京オリンピックの年でした。私は舌に血管腫ができて癌化しないうちに手術した方が良いといわれ三月に東京第一病院の口腔外科で摘出手術、その際婦人科で診察したら子宮筋腫がわかり、子宮を全摘出と言われました。

しかし、国民生活学院の病院実習の時、婦人科の岩田正道先生が子宮筋腫はなるべく部分摘出の方が後遺症が残らなくて良いという講義を聞いていたのを思い出し、婦人科は又ということにして退院しました。

入院中は、簿記の勉強をしていたのが見つかって、看護婦さんが呆れていましたが、私としては集中できる良い機会でした。

子宮筋腫の手術、小松先生との再会

退院後岩田先生の消息を尋ねたら、中野の立正佼成会病院の院長をしていられることが解り、早速お訪ねして診察をお願いしたら、子宮の外側に幾つかの小さいコブがあるが、部分摘出は可能だと言われ早速手術をして戴くことにしました。月経が多量で悩んでいたのです。五月一三日に入院、六月六日退院でした。八月の試験に何とか間に合ったのですが、その年は又簿記と所得税を受け、簿記論が漸く合格しました。

その佼成病院に入院中、思いがけない出会いがありました。国民生活学院で素晴らしい授業を受けた調理栄養の小松文子先生に廊下でばったりお会いしたのです。先生は院長に請われてこの病院の病院食の一切を任され、献立はもちろん、設備から仕入れから何もかも責任を持って仕事をしていらしたのでした。私に会えた事を喜んで、病院食はまずくて冷たいという常識を破って温かく心のこもった食事を出す事を開発しているのだと、私を調理場に案内して詳しく説明して下さって大感激しました。

小松先生は、その後、庸浩の亡くなった時のクリスマスにわざわざ鶏の丸焼きを持って慰めに来て下さるなど、何か心が通じ合って母のような娘のようなお付き合いになり、それは小松先生が亡くなられるまで続いたのでした。

五科目に合格して資格取得、新婚旅行へ—宝物になった言葉

税理士試験はあと一科目になったのでやさしい事業税を受験、一二月合格通知が来て一九六六年（昭和四一年）二月二二日に手続きを済ませ、晴れて税理士となりました。その年の五月一二日（結婚記念日）から三日間、庸浩と私は初めて能登半島と金沢を巡る二人だけの新婚旅行をしたのです。

この旅行は庸浩もリラックスして忘れ難い楽しいものになりました。夜温泉に入って寝物語り

のとき、僕が死んだら再婚して良いなどと言いだし、「おれの生涯で一番の快挙は何だと思う」と言い、私が「さあー」と考えていたら「君と結婚したことだ」と言ってくれたのです。

妻に対してこれ以上の言葉があるでしょうか？　この言葉は私の心の奥深く入り込んで、彼を亡くして四五年にもなる今も私の心の中に宝物のようにしまわれています。

市吉事務所も事務員三人の大所帯に

市吉事務所も上村和子さん、佐藤ふみ子さん、柳沼節子さんと事務員さんも三人になり、庸浩は診断員の仕事に打ち込み、県の中小企業指導所で「診断の鬼」とあだ名が付いたほどでした。

この仕事は、沢山の資料を読みこなし分析して、最後は診断書として明快な文章にまとめた上、それを関係者の集まりで発表し、その気にさせる説得力がいるという大変な仕事です。しかも頼まれれば遠方に出張して五〜七日泊まり掛けで仕事をするのですから、どんなに疲れたことでしょう。

仕事に対する誠実さが知られて庸浩は引っ張りだこで仕事を頼まれ、各県の指導所だけでなく、水産庁、通産省、運輸省など調査や講演、講義の依頼などがありました。手帳は一年先まで埋っていました。

実は一九六七年（昭和四二年）一一月に庸浩の健康を心配して、私は日赤の武蔵野病院の医長先生（親友荒木さんの夫）に健康診断をしていただきましたが、異常なしとのことでした。その頃庸浩は、アメリカで開発された新薬メジヘラーが口から吸入するだけで楽になることから気に入っており、乱用気味だったので心配していたのでした。

翌年は、安子が都立高校、伸行は国立中学を受験することになりました。二人とも夜型で朝寝坊だったので、庸浩は受験にこれはダメだから僕が直してやると、自分が率先して朝五時位に起き（私には寝ていて良いと言いました）、子どもたちを連れて三人で近所の野原に駆けて行き体操や竹刀の素振り等をし、駆けて帰ってきました。それは一〜二ヶ月、夜中まで仕事をした翌日でさえ、続きました。ともかく二人の生活は朝型になりました。三月の受験体制にはとても役に立ったと思います。四月、安子は都立井草高校、伸行も東京学芸大学附属大泉中学校に無事入学しました。

弘前の桜、十三湖

四月になると、庸浩は青森方面で仕事があるので、弘前の桜を見ようと私を誘ってくれました。駅で待ち合わせ、弘前城の素晴らしい桜を見たあと五所川原、鰺ヶ沢を通って十三湖という湖に行きました。バスには私たち二人だけでした。

十三湖は寂れていて、シジミ捕りの漁師以外は私たち二人しかいないほどでした。庸浩さんがなぜこの湖に来たかったかというと、彼は歴史に詳しく、この湖のようなかつて松前船の通り道として栄えた東北交易の歴史の跡を辿りたかったからだそうです。

そしてその後土地の人からいろいろ聞き出すと、タクシーを捕まえて今来た道を探しながら戻ると、十三港の跡地を探し当て、湊神社をみつけ、湊明神社をみつけ、海難にあった人々を祀ってある事を確認して、その寂れように感慨深く頭を垂れたのでした。去年に続いて二人だけの楽しい旅、それも観光とは一味違う歴史の掘り起こしにわくわく感もあって忘れられない思い出です。

私も仕事をスタート

私は彼の税務の顧問先の三件を、了解を得て譲ってもらい無事仕事のスタートができました。旅から帰ると親友の荒木さんの父上が亡くなられ、貸地が沢山あるので税務署から呼び出しがあり、言われるままに申告したら多額の相続税でびっくりしているということを聞きました。資料をもらって見ると、幾つにも区分された土地を一括して評価して計算していることが解りました。相続税の評価通達には貸地等は一区画ごとに評価して良いとあるので、それによって評価し直すと大変な減額ができ、多額の税金が戻されることが解りました。私はその仕事を引き受け、ミスの無いように相続税も勉強し直しながら、夢中で取り組んでいました。

庸浩は七月二二日、栃木県の寝具団地の診断を依頼され出張しました。いつものように玄関で私と握手、安子と伸行は重いカバンを抱えて新井薬師前駅までお父さんを送ってくれました。何時もの通り夜は彼から元気な電話があり、翌日二三日、私は荒木さんの仕事が終わり清書にかかっておりました。

突然の電話―庸浩の急死

その日、七月二三日昼近く突然の電話、栃木県からの電話。庸浩が倒れたというのです。まさに晴天の霹靂！　無我夢中で家を飛び出し栃木駅に着き、県の方の案内で栃木の寝具組合に向かいました。

通された部屋には綺麗な布団の上に庸浩が寝かされていました。駆けよって手を取れば、まだ暖かく穏やかな寝顔、でも呼んでも返事は無く目も開けません。何と鼻には綿が詰められて！今しがたまで元気にしていた人がこんなに脆く死んだ？

ああ夢であって欲しいと思っていると清高さんが到着。「残念だ」と泣き出しました。県の要職の方々が挨拶され、医師の説明、診断書は「心臓麻痺」とありました。

荻窪の兄も見えて、車三台で東京に向かいました。清高さんと私が庸浩を抱き、彼の手を握り続けながら、ああこのまま死んでしまいたいと思っていました。

家に着くと安子（その日林間学校で軽井沢に着いたらすぐ父危篤と聞き家に戻った）と伸行が飛び出して来て、「お母さん大丈夫？　しっかりして」と手を握ってくれました。ああこの子達は私だけが頼りになってしまったと思った時、「ああしっかりせねば」と呆然自失状態から急に我に返ったのでした。すべての雑事は荻窪の兄さんが取り仕切って下さり、私は次々訪れる弔問客に忙殺されていました。

七月二七日、無宗教の告別式を執り行いました。お棺が運び出された時は涙が止まらなくなって、安子に支えられながら歩いたのを思い出します。

庸浩の友人、仕事先、多数の方々が駆け付け残念がり、私を励まし、力になろうと言って下さいました。私が税理士に登録した時彼は、「後顧憂いなし」と喜んでさらに飛び廻って仕事をしていた事を思い出し、しっかりしなければ、お父さんのためにもがんばって仕事をして子供達を育てなくてはと思いました。

第七章　婦人税理士として

地方や中小企業への視点—叙勲の話

八月になって彼が大きな産地診断や水産業務などの依頼を受けた時、一緒に仕事をしていた田村敬之会計士が見えて、「水産庁から叙勲の話があり、履歴書を求めているがどうしますか」とお話がありました。私は「お断りした方が」というと「市吉先生も私も人間に等級を付けるのは反対でした。自分たちは勲一等だと良く笑ったものです」と賛成して下さいました。

考えてみれば、庸浩は水産庁の依託で、鰹、まぐろ、さばなど漁業について並々ならぬ診断と研究をして画期的な意見を提出していたということを聞いたことがありました。他にも運輸省、通産省、中小企業庁などから委員の委嘱や講師の依頼があり、随分官の方にも貢献していたのでした。

こうした仕事は報酬も少なく、地方の宿に何日も泊まるような過酷なものでしたが、都会から地方へ、大企業から中小企業へ視点を移し、その問題点を直視して少しでも貢献したいと考えて情熱を注いだのだと思います。

母子家庭になって初めての収入—顧問先を引き継いで

私の方は庸浩の仕事先だった会社が何件か、引き続いて私に来て下さいと好意的に提案して下さり、何件も顧問先が増える事となりました。これも彼が税理士という資格をすすめてくれたからであり、彼の遺してくれた仕事だと思って、一日も早く一人前の税理士にならなければと思いました。

中野支部に「一水会」という税理士の研究会があることを知って、早速入会して質問魔とメモ魔のあだ名を頂戴したり、また、全国婦人税理士連盟（婦税連）があることの御誘いをうけてすぐ入会しました。

荒木さんの相続税修正の仕事が終り、申告書の清書もできて提出し、説明も通って多額の税金が戻ってきたのが彼の死後の初仕事でしたが、大変に感謝され二〇万円の報酬を手にした時は、母子家庭になって始めての収入を手にした思いで本当にあり難く思いました。

税理士とは納税者を守る仕事—私の信念

税理士という仕事は、税法に詳しくない中小業者や個人の税務申告のお手伝いをする仕事です。法律にはその取り扱いについて取扱通達が発表されていて、受験の時は必死に覚えなくてはなりません。でも実際の仕事に当たって通達どおりに処理するというのであれば、税理士は税務署の署員と変わらないでは無いか？　五年もかかってとった資格なのに！と悩んでいたのでしたが、研究会に何度か出るうちに、自分が通達に振り回されていたことに気づきました。通達は取扱通達と言い、法律ではありません。法律の施行について税務当局の考えと見解による取扱について説明したものにすぎないのです。

税理士は納税者の立場に立ってその人権を護り税務署と対峙し、解釈を展開しなければならず、不当と思う処分や、税務署の見解と異なる時は闘わなくてはならないということが解ってきたのです。一水会には論客が多かったので、学ぶことが多く、自分の抱える事案を皆の討論で解決できたりしました。

そのうち東京税理士会に幾つもの立場と集まりがある事を知ります。専業税理士協議会、青年税理士会、東京税経新人会（新人会）、桜友会（税務署出身税理士の会）、そして全国婦人税理士連盟（婦税連、後に全国女性税理士連盟と改称）です。

一水会のメンバーの中に新人会の会員が四〜五人いらして、入会を誘われました。規約を見ると目的欄に「本会は、憲法にもとづく国民の権利を擁護する立場から、税制・税法・税務行政および会計学・会計実務等に関する研究を行いあわせて会員相互の親睦を図ることを目的とする」とありました。これぞ私の求めていた会と思い入会をしたのが一九七一年（昭和四六年）で、以来、今に至るまでお世話になっています。

商法改正問題等で揺れる税理士界の中で

一九六九年（昭和四四年）から一九七四年（四九年）の間、税理士会は、粉飾決算の防止に端を発した法制審議会の商法改正案と税理士法改正の問題で揺れていました。特に、商法改正案は、監査制度を強化するために、資本金一億円以上の株式会社に公認会計士または監査法人による監査を強制する等の改正内容で、税理士の仕事先である中小企業を会計士の監査の対象にするのは死活問題とされ、税理士会は全国各地で商法改正反対運動が展開されていました。九段会館の全国総決起大会には、婦税連が赤いタスキがけでデモの先頭に立ち気勢をあげました。

税理士法改正の方は、全国組織である日本税理士会連合会（日税連）の改正試案に各会が検討して意見書を提出することになっていました。そのほか当局の提案する「優良法人申告内容検討表」いわゆるチェックシートの作成にどう対応したら良いかの問題がありました。

「租税法律主義に基づく納税者の権利擁護」を高らかにうたいあげようというのが婦税連や青年税理士、新人会の意見でしたが、日税連では、税理士法の「独立した公正な立場」は変えられず、チェックシートは、地方税理士会ではもう実施を決めた会も出て来て、腰が引けていました。

納税者の権利を護るため、韓国や先進国で作られている「納税者の権利憲章」の必要性についても、日税連の多数派からは急進的と見えていたようで、これは今でも変わらないようです。

国民生活学院の同窓会・記録冊子刊行

国民生活学院の一期生たちは卒業後も良く連絡し合い、クラス会も毎年必ず開いていました。

そのたびに、戦時中あんな息苦しい時代にあのような良心的な先生方が、よく私たちに質の高い教育を与えて下さった、四期生で学校は終わってしまったが何とかして住所を調べ、あの時の先生方をお呼びして感謝の同窓会を開きたいということになりました。

二期生とは交流がありましたが、三期・四期生と先生方の住所を調べられるかということになって、これは出資者の中央公論社にお願いするしかない、早速代表として河村さん（旧姓・志垣さん）が行って事情を説明したら社長も応援して下さるとのこと。とうとう一九八〇年（昭和五五年）一一月、同窓会は実現しました。

この同窓会は「幻の女学校の同窓会、暗い時代に自由な校風」と新聞記事にもなりました。「滅私奉公」「忠君愛国」のもと戦争遂行のためにはすべてが犠牲にされてい

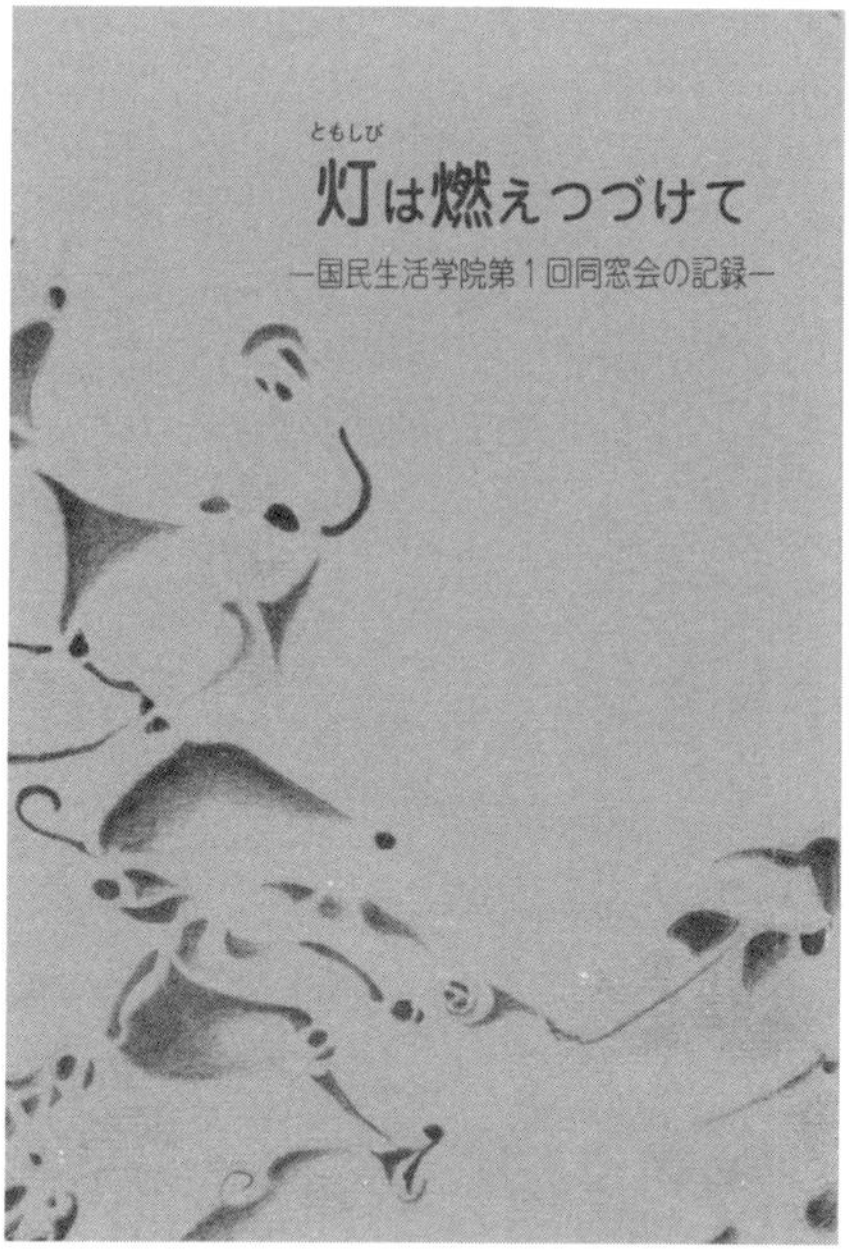

『灯は燃えつづけて』表紙

くなかで、最高の講師陣に恵まれ、こんな学校があり、三木清先生のみならず、創始者とも言うべき城戸幡太郎先生、若月俊一先生、三木安正先生（児童心理学）や、ギニョールの松葉重庸先生まで治安維持法の犠牲になっていらしたという事実を知って、やはりこの同窓会の記録は冊子として残そうということになりました。私の事務所に幹事が集まり、一九八二年（昭和五七年）一一月『灯は燃えつづけて』という、赤い綺麗な表紙の本ができ上がりました（二期生の矢野美枝子さんのデザインでした）。

それ以来同窓会は今まで続いていて、二〇一三年は車椅子になった私の家に集まって下さいました。

全国婦人税理士連盟で共同アンケート調査の実施

私は、全国婦人税理士連盟の役員として広報部長、制度部長、一般消費税対策委員長、東日本支部副支部長などを務め、毎年の全国総会の記念講演講師に樋口恵子氏、渡辺洋三氏、暉峻淑子氏、都留重人氏等をお招きすることに尽力しました。

また国民生活学院の友人足立貴美子さんが労働省を退職後、雇用職業総合研究所で室長をしていて、女性の職業といえば教師、看護婦、保母などで六〇％だが、他に専門職に従事する婦人の生活と意識について実態を調査したいということを聞きました。

それでは年々増加している婦人税理士を調査してはどうかということで話が進みました。婦税連でも二五周年の記念行事として適当だということになり、契約の運びとなりました。私が実行委員長になり、足立さんと内容の検討を重ね六ページに納めて、一九八二年（昭和五七年）五月から七月まで婦税連の会員以外の女性税理士の方たちにも呼びかけて、アンケートを実施したところ、五〇％を超える回収率を得ました。

一九八二年（昭和五七年）一二月八日には、中野サンプラザで労働省始めマスコミ関係者に説明と懇談の会が開かれ、日本経済、朝日、毎日、読売、サンケイの各新聞記者、ＮＨＫ解説委員東原めい、ジャーナリスト縫田曄子さんなどが見えました。研究所からは所長と足立室長、婦税連からは木ノ本会長、井上前会長、そして私と、広報部から二人が出席しました。

懇談に入ると婦人としてのハンデは無いか、家庭と育児などはどうしているかなど質問が相次ぎ時間が足りないくらいでした。朝日新聞は一四日の朝刊で「専門分野で働く女性、税理士の場合」と記事が載り、一二月二〇日ＮＨＫでは「時の話題」で東原めいさんが「婦人税理士の仕事と生活」と題して詳しく報道して下さいました。この放送は反響をよんで、これを聞いて税理士を目指した人もあったということを後に聞きました。

この調査結果は足立さんの努力の甲斐もあって二〇〇ページを超える立派な本になり、雇用職業研究所から一九八三年（昭和五八年）三月、出版されました。

付加価値税の浮上、欧州視察旅行

一九七三年（昭和四八年）水田蔵相時代、小倉税制調査会が高福祉・高負担の財源として付加価値税の提案をしました。驚いた私たち全国婦人税理士連盟と青年税理士連盟は、すぐ付加価値税の勉強を始め、発祥の地ヨーロッパの実態を直接調査しようと、確定申告の終わった翌日の三月一六日から視察旅行が計画され、私も是非と誘われました。

当時国外旅行などまだ珍しかった頃、庸浩が亡くなってまだ五年、海外なんてと逡巡していた私の背中を押して下さったのは荻窪の兄さん（庸浩の長兄・惟浩さん）でした。遠慮しないでチャンスはつかまなくてはと励まして下さいました。まだ為替レートは一ドル三六五円時代、旅行費用は同行の李 年子さんと三〇万円のローンをくんで互いに保証人になって調達しました。

視察旅行は大成功、八月「物価、及び高福祉高負担と付加価値税」という小冊子をまとめることができました。今でも忘れられないのはオーストリアの靴屋さんが、売上税はヒトラーが持ってきた、戦費のためだと言ったこと、ヨーロッパは島国の日本と違って、国境が地続きで品物が国と国を流通する時その国の税金抜きの裸の値段で取り引きする必要があったこと、そしてどの国も日本では想像できない程の高福祉を実現していたことでした。

税経新人会では民主的な税制の原則として「生活費非課税、総合累進課税（担税能力に応じた負担）、勤労所得は資産所得より軽い負担、間接税は補完税の役割程度にとどめる」という主張をしていました。大型間接税である消費税は大蔵省にとって伝家の宝刀、国民にとっては累進どころか逆進性の強い税金、生活を脅かす税金ですから東京税理士会の機関紙に、何回か論壇に投稿しましたし、頼まれれば何処へでも説明に行きました。

その後、一九七八年（昭和五三年）一二月に政府税制調査会は「一般消費税」を提案しますが、国民の反対は多く、一九七九年（昭和五四年）一二月二一日の国会決議にも「財政再建は一般消費税によらない」と決議しています。一九八七年（昭和六二年）二月には、中曽根内閣が「売上税」と名を変えて再提出。公約違反といわれ、同年四月二三日審議未了でこれも廃案になりました。ところが、続く竹下内閣は翌年「消費税」を提案、一九八九年（平成一年）四月一日遂に消費税導入を実施したのです。

三％の税率で、売り上げ三〇〇〇万円以下は免税、四億円以下の会社は簡易課税というので一般の中小企業には関係無いと言って反

1973年（昭和48年）、付加価値税欧州視察旅行、左から澄枝、李年子、湖東京至

対を抑えたのでした。これが今は八％、売り上げ三〇〇〇万が一〇〇〇万、簡易課税は五〇〇〇万までとなり、相変わらず生活必需品等へのゼロ税率等の配慮も全く無しの消費税となりました。因みにアメリカには消費税はありません。各州が独自に採用している小売売上税だけ。合衆国は基本的には法人税と所得税の直接税を中心としています。

特に日本の消費税の問題点は、輸出大企業に対する莫大な還付金です。輸出品は今まで支払っている消費税は〇にするため、政府はその金額を還付することになっています。それが莫大な金額で消費税税収の三〇％～四〇％にもなるという試算もあって、アメリカはこれを輸出補助金として問題にしているのです。一般庶民には酷税、輸出大企業には大歓迎という仕組みなのです。

実は戦後日本の税制について一九四九年（昭和二四年）九月、ＧＨＱが呼び寄せたシャウプ博士の勧告によって、日本の税制は、間接税は減らして累進税率による直接税を中心とするとされ、一九七四年～八三年（昭和四九年～五八年）まで所得税の最高税率は、七五％から〇％まで二〇段階という税率を適用していたのです。政府はその最高税率を一九八七年（昭和六二年）から少しずつ下げ、一九九九年（平成一一年）、消費税を五％に上げた時は最高税率を三七％に下げました（現在は四〇％）。これは支払う能力のある階層には税負担を軽くし、負担能力には関係なくすべての消費に一律に課税する大衆課税に国民の福祉を委ねようとすることで、本末転倒と言わなくてはなりません。

消費税については、斎藤貴男氏の『消費税を上げると誰がよろこぶのか?』と湖東京全氏の『税が悪魔になるとき』が詳しいので是非読んで欲しい本です。

『婦人公論』と『世界』に

一九七八年(昭和五三年)、伊東光晴氏(経済学者。当時、千葉大学教授)からお誘いがあり、「主婦は税金を知らなすぎる」と題する、青木 茂氏(当時、大妻女子大学教授)、伊東光晴氏との座談会に出席いたしました。その内容が『婦人公論』一九七八年四月号に掲載されています。どうして私が誘われたか覚えてないのですが、婦税連で伊東先生を総会に講師としてお呼びしたご縁かもしれません。

また、一九八八年一〇月号の『世界』には「税制改革論議総批判」の中で、「「消費者」「女性」の視点から ~税の公平とは何か~」という私の書いた一〇頁の論文が載っています。

この時の推薦者はやはり解らないのですが、何しろ代表的な総合雑誌なので私も責任を感じて税理士の友人で理論家の粕谷夫妻に協力をお願いして仕上げました。

生活保護世帯に与える影響、課税最低限の問題、逆進性、アップできる税率の怖さ、垂直的公平より水平的公平重視の転換、弱者軽視で良いのか等、消費税への道は選ぶべきでは無いと主張しています。

私は多くの税理士が大学卒で受験しているのに、自分は戦前で大学には入れず会計事務所五年勤務の受験資格で受験でしたので、引け目を感じて人一倍勉強しなくてはと思っていました。中野の一水会のほか、税経新人会の城西ブロックの毎月の研究会、東京会、中野支部の改正説明会など必ず出席するようにしていました。特に新人会の全国協議会の年に一回の総会と各会の発表する研究集会は、とても格調の高いものでした。学んだことは伝えなければと東京会の論壇や新人会の機関紙『税経新報』にも投稿するようになりました。

一九八三年（昭和五八年）の五月頃だったでしょうか、新人会の研究会のあと、全国理事長だった高相芳彦先生、付加価値税のヨーロッパ視察で一緒の班だった湖東京至先生、一水会の仲間・唐木田明雄先生というお歴々に誘われて食事に行きました。

その時三人の先輩は次期の東京税経新人会の会長に推薦するから承諾してくれと言われました。私はびっくりして、自分はそんな器では無いとひたすらお断りしたのですが、いろいろ説得されます。

そのうち高相先生が「新人会で女性の会長は貴女が初めてなんだよ」と言われました。その言葉は私の心にぐさりと刺さりました。日頃男女同権、女性の地位向上を信条として来たのに、いざ自分のこととなった時に尻込みしてはいけない、困難と思っても引き受けなくてはならないのではと決意して承諾したのです。このとき私は六〇歳になっていました。

税経新人会・東京会会長に

引き受けはしたものの、翌年の一九八四年（昭和五九年）は、全国組織の協議会が毎年組織している全国研究集会が二〇周年を迎える記念集会の年で、東京会が当番で執り仕切らねばならないことが前年既に決まっていたのでした。役員皆が協力するからということでした。ともかくその年の八月全国協議会では新東京会の会長として紹介され、挨拶をしなければなりませんでした。

さて二〇回全国研究集会の準備に取り掛からなくてはならないのですが、会場はもう御茶ノ水の「湯島ガーデンパレス」が予約されていましたし、実行委員長ほか各責任者も皆大張り切りで素人会長は大船に乗ったようなもの、組織の有難さを体験しました。

会長の一つの大きな役目は挨拶です。就任の時、新年の挨拶、客観情勢を分析し、会長として決意を述べなくてはなりません。これは相当の重荷でした。殊に、一年たった

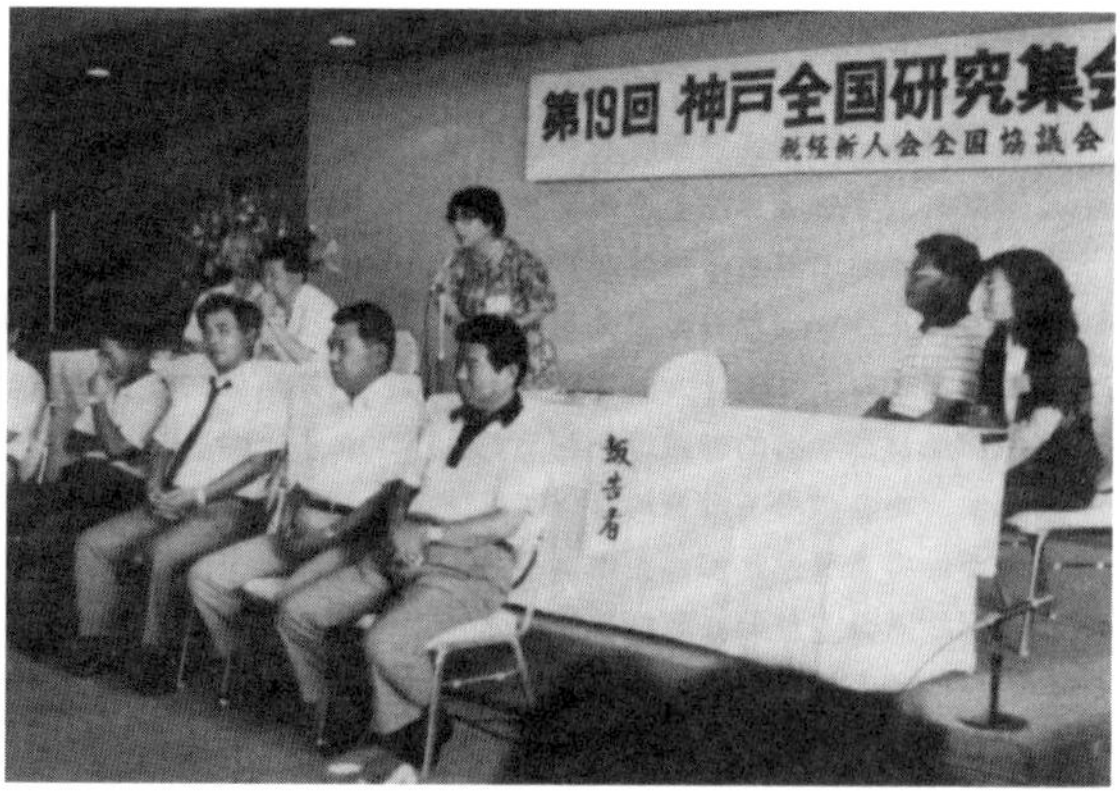

第 19 回全国研究集会で翌年開催地会長として挨拶

総会では情勢分析と会の運動の自己批判もこめて会員に納得できるもので無ければなりません。総務部長の大木了二先生に助けて戴き大変感謝でした。

八月二七日、二〇回全国研究集会は、招待客も会員も大勢参加があり、『第二〇回全国研究集会記念誌』として「研鑽・実践そして交友の記録」と銘打って立派に製本したものを会場で三〇〇〇円の有料販売もしました。金文字で書かれた題字は私が書きました。

翌年一月には新年の挨拶、四月には『税経新報』に「大型間接税と福祉税」の論文を書き、七月の「平和を守る税理士の会」には発会式から参加するなど忙しい毎日でした。

ところが一九八六年（昭和六一年）五月でしたか仕事先から自転車で帰る途中、突然ひどい喘息発作を起してしまいました。武蔵野日赤病院が近かったので救急で治療を受け、清高さんに薬など御厄介になりました。その後今度は不整脈になって、新宿の榊原病院にかかりました。（不整脈も喘息も持病となって今も続いています。）急に健康に自信を無くした私は、二年の任期が終わる五月に、会長を退任することを決心しました。健康に問題があっては激務の会長職は無理との思いでした。次の総会が近づいた時期の急な決断でしたので、役員の方に大変な迷惑をかけてしまい申し訳ない事だったと思いましたが、止むを得ないというのが、正直な気持でした。

車椅子になって税理士会を退会した後も、税理士の良心の指針であり、税制の分析、適確な批判者である税経新人会全国協議会の機関誌『税経新報』を購読し続けています。

発足時から続く「平和を守る税理士の会」の活動

その後不眠や白内障の手術など体調不調が続きましたが、何と無く慣れ、受け入れる気持ちになりました。

一九八五年（昭和六〇年）に発足した「平和を守る税理士の会」にはすぐ参加しましたが、その後代表世話人の小宮庄三郎先生が健康を崩された時は私が代表世話人を引き受け、世話人会で知恵を出し合い、毎年講演やシンポジウムを開いたり、時には映画会にしたり、毎年機関紙『平和』を発行しました。一九八六年（昭和六一年）、八七年（六二年）と自民党政府の提案した「国家機密保護法（スパイ防止法）」の時は、反対意見を女性の中に広める活動をしましたが、幸いこれは廃案になりました。

ところが、二〇一三年（平成二五年）一二月、安倍政権はさらに範囲を広げた「特定秘密保護法」を議会で強行採決してしまいました。何が秘密かわからないという法律が歩き出したら、国民は罪になるのが怖くて知るべき事も知ろうとしないまま萎縮してしまいます。戦争中と同じように大本営発表のみで政府は暴走し、国民は犠牲になるだけです。私は、「治安維持法」の犠牲者として、廃案にすべきと強く思います。

事務所パートナーを得て高齢税理士の新たな世界へ

一九九三年（平成五年）私は七〇歳になりました。税理士になって三〇年になろうとしていました。喘息はすっかり持病になっていましたし、高血圧、不整脈、C型肝炎など加齢によるものも多いと自覚したのでいよいよリタイアの時期と決心しました。

その頃の私の事業収入は三〇〇〇万円、顧問先六〇件近く、従業員三名、相続税の申告も五〜六件ありました。仕事先に迷惑を掛けないように女性税理士連盟の親しい友人何人かにお願いすることにしました。この顧問先には誰が良いか、やはり相性というものもあるので熟慮を重ねて仕事の引き継ぎを済ませました。

親戚関係や、庸浩から引き継いだ顧問先など親戚同様の仕事先など一〇件位が残り、長年私を支え励まし、援けてくれた職員三名は事情を受け入れて円満退職してくれました。お別れ会として皆で韓国ソウルに観光旅行にも行き、キムチを習ったりなど、大変楽しい思い出もつくりました。

同じ支部で女税連（婦税連が名称を変更しました）でも親しい伊藤佳江さんにリタイアの話をしたところ、長女より若い彼女が事務所を共にしてパートナー関係にしたらと提案してくれました。同一事務所というだけで二人の関係は平等です。事務所は無人にならないし、相談はできるし、私にとっては願ったり叶ったりのことでした。六月には伊藤さんの引っ越しも無事終わり、税理士二人の名前を書いたパートナー事務所が発足しました。訪ねて来る顧問先も伊藤さんと顔見知りになり安心してくれ、これは大成功だったと思います。

時間に余裕ができて、今まで無関心に近かった地域のボランティア活動や、高齢者会館のオカリナや折り紙のグループに参加したり、鍼灸のお世話になったりして、だんだん元気を取り戻すことができました。

仕事の方はというと、八〇歳を超えた私に新しい顧問先が何件か増えました。お世話になった税理士さんが体調を崩したとか、仕事を辞められたとかで困っているという高齢者の方が、若い税理士さんに敬遠されているというのです。「私も高齢ですが」と断ってお引き受けすることになります。

歳をとると動作が鈍くなり、申告に必要な証明書を紛失するなど、トラブルも多くなりますが、私は自分の事として高齢者のことが解るので、一緒に書類探しもしますし、ゆっくり話を聞き、昔語りに共感もできるし、ともかく時間が充分とれるのでゆっくり説明もしてあげられます。二～三回、会ううちにすっかり親しくなってこれもご縁と思い辞められなくなります。

米寿の祝い、朝霞税務署の不当処分を撤回

二〇一一年（平成二三年）五月、事務所で私の八八歳米寿のお祝いを新宿の和食「美濃吉」で

してくれました。遠方からも参加してくれて、一〇人も集まってくれ、思い出話を語り合い、伊藤さんの計らいで特別のご馳走も頂いて、小規模ながら仕事を続けた所長冥利に感激一入《ひとしお》の日でした。

この年の一月には、仕事先だった会社のお嬢さんが御主人を連れて相談に来られました。所得税の任意調査があり、会社契約のデザイナーで、売り上げから一〇％の源泉徴収を引かれて入金しているのです。年末に源泉徴収された全額を支払い調書としてもらうので、その金額をもとに計算して還付請求していたがその金額が違うと、修正され加算税を含めて一〇〇万に近い金額を支払えと税務署から通知が来て仰天している。朝から夜まで働いて所得四〇〇万円の市民でローンも残っているし、こんな金額は払えない、親戚縁者に頼むしかないということでした。

まずは私が処分を通知したという朝霞税務署に内容を問い質しに行く事とし、早速行って統括に会うことができました。要するに彼の申告した売上高と差し引かれた源泉税の額に差異があるからということでした。

帰って過去五年間の売上高と差し引かれた源泉税を調べたところ、売上先の発行した年間の支払調書が期末には一一月・一二月分が未払いのため買掛金として処理し、支払ベースで預り源泉税の計算をしているのに対し、納税者は正しい年間の売上で所得計算をしていたので、要するに期ずれが生じているだけと解りました。

売上先が発行する支払調書には期ずれ分をカッコ書きしてくれれば良かっただけのことでした。二ヶ月後には源泉税は支払も済んでいるので、何も修正申告や多額の納税も全く根拠なしということが解りました。

私は彼から取引の詳細と支払の入金、源泉税の詳細をコピーしてもらい五年間の取引の内容と源泉税を表にして添付、修正納税どころか二年前は還付されるべき金額が多かったことも判明、所長宛に陳述書を書いて再び朝霞税務署を訪ねました。一月二五日です。

朝霞税務署ではまた統括と調査を担当した署員と二人が対応し私に反論しましたが、税務署長宛の陳情書ですからと言って受け取ってもらいました。頑なな所得税統括には呆れましたがともかく署長の判断を待とうと思いました。

結果は何と一月二八日には朝霞税務署より電話があり陳述書を認めるとの返事、電話をかけて来たのがあの統括でした！　こうして米寿の年に、税務署に反論して依頼者を助けることができたのでした。

税理士四五年の経験から

相続税については沢山の経験談がありますが、遺言書を作ること、なるべくそれは元気なうちに相続人を集めて話しておく、特別の事情がある時は他の相続人に自分の真意を伝えて納得してもらう努力が円満な相続の秘訣だと思います。

財産も程々が良い、と思うことがあります。トラブルが起きやすいのは資産家に多く、妻は兎も角、若い相続人が急に財産を手にすると、有象無象の友達がすり寄ってきて、結果は不幸になる例を見てきました。思い切って有益な寄付を遺言するのも良いと思った事もあります。

こんなことで八〇代になっても元気印で仕事もほどほど、税務署の不当課税には、しっかり対応し認めさせたことも、前述の朝霞税務署の件など何件かあります。

地域の高齢者会館にボランティアで出入りするうち、いろいろの自主グループがあるのが解りました。コーラスやオカリナや折り紙に入り、友達もふえました。平和を守る税理士の会も必ず出席しますし、護憲の運動にも参加しています。

なお、治安維持法で検挙された者たちが中心となった治安維持法犠牲者国家賠償要求同盟という団体があり、一九八一年（昭和五六年）に神奈川県支部が設立される時に、兄に誘われて私も支部会員となり、集まりにはできるだけ参加して当時の経験をお話してきました。

骨折から車椅子生活に―そして今

二〇一三年（平成二四年）正月、年始に片瀬へ泊りがけで行った帰路、片瀬江ノ島の駅で特急ロマンスカーに乗車し、席に座ろうとしていた時、車両間のドアの傍で、小学校中学年位の男の子が駆けてきて私にぶつかりました。よけられずに転倒して尻もちをついてしまいました。何とか席に座り、新宿に着いたところ立ち上がれず、駅員に背負われて降り、救急室に運ばれました。阿佐ヶ谷の河北総合病院を受診して分かったのですが、右脚の大腿骨頸部骨折でした。手術に向けた検査で大動脈弁狭窄が見つかり、長い手術と麻酔は危険があるというので、残念でしたが手術を断念しました。歩けなくなるのがショックでしたが、受け入れることにしました。

そして、三月三〇日、伸行に頼んで、荻窪の市吉澄枝税理士事務所の看板を下ろし、東京税理士会に退会届を出したのでした。

本院、リハビリテーション病院（杉並区堀ノ内）と長い入院生活となりましたが、その間、親戚、知人、友人、税理士仲間など多くの方々が見舞いに来てくれ、色々な世話をしてくれました。本当に有難いことでした。

その年の七月に退院し、自宅で車椅子の生活になりましたが、幸い近くに住む伸行夫妻、同居中の孫の麻紀、福岡に住む安子も何かと上京して手伝ってくれるなど、不自由を補ってくれますし、荻窪、上高田、そして片瀬の親戚が親身に支えて下さって、皆さんのお力添えのおかげで落ち込むこともなく、リハビリに励むこともできました。

只ただ感謝です。

あとがき

戦前、戦中を通じて国家の無分別な戦争によって国民の命と財産がどれだけ無慈悲に扱われてきたか。私はそれを体験し、また見てきました。私は高齢になりましたが、生きている限り、体験者として次の世代へ伝えていかなければいけないと思っています。

戦前は天皇を神とし、中心とした政治が日本のかたちでした。その国を護る「国体護持」のために、国民は「天皇の赤子」（家長である天皇の子）として戦争にかり出されました。敵の本土上陸のときは、「一億玉砕」（国民一丸となって死ぬまで戦え）と唱えられたのです。国民がみんないなくなって、国家に何が残るのでしょうか？

いまは図書館に行かなくても、インターネットでさまざまなことを知ることができます。終戦前の新聞や大日本帝国憲法（明治憲法）を見てくださると、今の憲法の素晴らしさがよくわかると思います。自分で調べて、正しい知識を学び、「お国のための」といった言葉に惑わされず、どうか国民主権と平和を守ってください。

皆様のご多幸をお祈りします。

二〇一五年四月

市吉　澄枝

資料編

感謝状

市吉澄枝先生

あなたは長い間 税理士として努力
され驚くばかりの体力、そして
あふれる情熱をもってがんばっておられ
ますね・そのことに私達もはげまされ
勇気づけられてきました。
これからも子供のような好奇心で
楽しく素敵に年を重ねていかれる
先生が私達の目の前に居て下さる
ことはとても幸福なことです。
最後に私達のような者をいつも
親身になって使って下さり本当にありが
とうございました。先生のその大らかさ
が大好きです。

一九九三年 五月十九日

市吉事務所所員一同

市吉税理士事務所所員一同から贈られた感謝状

（所員の退職時）

祖父・安江 孝の思い出

陽当たりの良い二階のお座敷で、床の間に飾られていた刀剣を持ち出し、赤い絹の打ち粉をポンポンとはたきつけ、大事そうに手入れをしながら、大層ご機嫌だったことや、鍔の収集もしていて、時々見せて説明してくれたことなどを、祖父・安江 孝の思い出として澄枝は覚えています。また、祖父が在職中、各地を出張した記録を画入りで丹念に書き残した金泥の巻き物も、十巻位もありました。それらがすべて東京空襲により失われてしまったのは残念。（伸行記）

祖母、安江 慶（けい）、通称・登喜（とき）のこと

一八七三年（明治六年）五月四日長岡生まれ。長岡藩家老・牧野頼母の三女。一九一五年（大正四年）八月六日、澄枝の祖父・安江孝の後妻として結婚。武家の娘として肝が据わっており、戦後、片瀬の家に夜中、泥棒が忍び込んだことがありましたが、見つけた登喜が相手を正座させて説教し、泥棒は退散したとのこと。『武士の娘』の著者、杉本鉞子（えつこ）は従姉妹。（伸行記）

母、安江千鶴（旧姓、橋本）のこと

一八九五年（明治二八年）一二月二〇日、高知市筑屋敷（つきやしき）生まれ。土佐出身の橋

本正彰と、同じく土佐藩士の娘・北代貞尾（きただい・さだお）の間に生まれた三女で、十人の兄弟姉妹がいました。正彰は山内藩祐筆（ゆうひつ）でしたが、明治維新後に実業家となり、三井銀行の支店長から東洋インキの社長になっていたので、麻布龍土町に大きな家を持ち、羽振りが良かったそうです。貞尾の父・北代揆一（きいち）は維新後、板垣退助らの自由民権運動に参加したといいます。

千鶴は東京府立第三高女を卒業、健康な明るい才女でした。好治とは見合い結婚でしたが、同じ頃、味の素の社長の息子さんとの縁談があって、周囲は生活の苦労が少ない資産家を勧めたそうです。しかし千鶴はハンサムで真面目そうな好治を選び、帝大出の少壮官吏に将来の夢を賭けたといいます。一九三八年（昭和一三年）一月二四日死去。（伸行記）

戦後の父について

父は戦後、公職追放になり、そのまま片瀬で隠居生活を始めました。国債で支払われた大蔵省の退職金は戦後のインフレと新円切替の結果、只同然となり、また東満州産業株式会社からの収入も債権化していたようで、新円政策や財産税も相当の負担になったようでした。やっと手に入れた、池や藤棚付きの千早町の邸宅も、老後の慰めとして買い溜めていた美術書も空襲で全て焼けて灰になってしまいました。どんなにかがっかりしたことでしょう。父は再起の気持ちを失い、好々爺となり、孫の相手をしていました。

神風を信じて荷物の疎開もしなかった父に、兄は「これから新しい時代になる」と言い、唯物弁証法や『空想より科学へ』などの本を勧めたところ、父がノートを取りながら熱心に勉強を始めたのには驚きました。父が亡くなった後、こうした勉強ノートが幾冊も残っていました。

私が逮捕されて千葉に留置されている時は、一度も面会も差し入れもなく、放っておかれましたが、人の良い父は後妻を迎えた後でもあり、罪を犯したらしい娘をどうしたら良いか解らなかったのでしょう。父はよほど戸惑ったのだと思っています。隠居後の読書三昧は並大抵ではなく、宗教、哲学、数学、物理学（量子力学など）、天文学から、囲碁将棋、歌舞伎、書道、そして唯物弁証法、唯物史観など広範囲にわたり、しかもそれぞれに感想、読後感、書き写しなどが克明にされていて、その量の多いことに兄と共にびっくりしてしまいました。

特に、難解なレーニンの『唯物論と経験批判論』は一ページ残さず書き写していて、何遍も読み返していたのを知り、やはり父は子供たちを理解しようとしていたのだと感動したのでした。

【安江　好治略歴】

一八八八年（明治二一年）一月二三日、生れる。一九一三年（大正二年）、東京帝国大学法科経済学科卒業。一九一四年（大正三年）、大蔵省入省。一九三七年（昭和一二年）、大阪税務監督局長を最後として免官。同年、満州拓殖公社（満拓）理事。一九四二年（昭和一七年）、満拓を退

職し、東満州産業株式会社社長となる。一九四五年（昭和二〇年）、戦災。終戦により公職追放。爾後、片瀬にて読書三昧の生活を送る。一九五三年(昭和二八年)一月一日、死去。享年六四歳。

兄・淳について

兄については語るとキリがなく、また本人が自分史を書いているので、ここでは人となりを彷彿とさせる軍隊でのエピソードを自分史から引用します。

「一九四二年（昭和一七年）四月、駒場の東部一七部隊に補充兵幹部候補生として召集された。当時日本はまだ勝ち戦の段階だったので、悲壮感はなかった。むしろ、『大衆の中に入る』という意気込みがあった。将校になろうなどとは夢にも思わなかった。（中略）軍隊には、私が思想犯で取り調べを受けたことが伝えられた様子はなかった。東大を出ているのに、耳が遠く、気が利かない自分はむしろ同情されていたのかも知れない。

幹部候補生の試験を受けるか、落ちて兵隊になるかの選択を迫られた。大衆の中に入って活動すべきだとも思っていた時、東大出のS軍医が『君は耳が遠いから試験に落ちたら召集解除になる』と言ってくれた。だから学習は全然せずに、夜は一番早く寝てしまった。古年兵も『あいつはしようがない』と私的制裁も少なかった。予定通りに落ちたら、召集解除にならなくて逆に耳を治すため第二陸軍病院に入院になり、毎日耳の治療である。（中略）

だから、仕事はない。そこで同室の石川島産業と中小企業の労働者を私のベッドのそばに呼んで、経済学の勉強会を始めた。労働者がいかに搾取されているかを教えたつもりだが、私は三ヶ月で退院になったため、その後の彼らの消息は不明である。

耳は完全に治ったわけではないが、退院で原隊（輜重隊）復帰になった。大学を出ているので、中隊事務室で金銭給与係の曹長の事務手伝いをやったが、将校が出入りする事務室でお茶を出す等、気を利かさないので、中隊の被服倉庫係になった。ここも中隊長が回ってきたときに、棚の上で昼寝していて首になり、以降は炊事専門になった。」

そして、「私と同時期に召集された学生で、幹部候補生試験に合格した者たちは、中国やフィリッピンの戦地へ送られていった。」とあります。

【安江 淳略歴】

一九一七年（大正六年）六月、東京府東京市麹町区中六番町生まれ。一九三八年（昭和一三年）東京帝国大学経済学部入学。一九四〇年（昭和一五年）、読書会に参加し、九月治安維持法違反の疑いで六本木署に逮捕される。一九四五年（昭和二〇年）一〇月、中西伊之助を訪ね、共産党の活動に参加。一九四八年（昭和二三年）二月、山脇香代子と結婚。一九五八年（昭和三三年）、知人より鵠沼の「アテネ書店」を引き継ぐ。戦後一貫して片瀬の地域で共産党の活動を生涯続ける。二〇〇〇年（平成一二年）一〇月死去。享年八二歳。

寿子お母さんについて

戦後の寿子お母さんですが、「好奇心旺盛で、ユーモアにあふれ、回りを楽しくさせる祖母」と孫（淳の長女・鳥海陽子）が書いている通りの人でした（遺稿俳句集あとがきより）。また、長年同居した安江香代子さん（淳夫人）は次のように書いています。「お母さんは、俳句に限らずなんでもよく出来る方で、昔からの和裁洋裁、生花は勿論、子どもたちが成人してからはリボンフラワー、革細工、木目込人形、園芸、茶道、習字と次々に挑戦。そしてそれをことごとく物にされていました。努力家であり、天性の器用な方だったのでしょう。（中略）明るく、暖かく、誰からも好かれ、誰もが感嘆するような最後で逝かれたお母さん。」

寿子お母さんが晩年、四季折々に読んだ句を紹介します。片瀬の家でかいがいしく働き、友人たちと交流し、庭を愛でた寿子お母さんの姿が思い浮かびます。

羽織ぬぎ帯をきりりと春めきぬ
手のひらに載せて冷たし青蛙
硝子戸を磨き上げたる秋高し
電話もて済むは済ませて冬籠り

【安江 寿子略歴】

一九〇二年（明治三五年）八月一九日、東京の銀座で伊沢徳兵衛の四女として生れる。泰明小学校、立教女子学院を卒業、一九四三年（昭和一八年）、安江好治と婚姻。一九八五年（昭和六〇年）五月二九日永眠。享年八二歳。

肺結核で鎌倉の鈴木病院に入院中の一九六七年（昭和四二年）から俳句を始め、日置草涯氏に師事。晩年まで春潮会機関紙「春潮」に寄稿し続ける。

女子学習院について

一八八五年（明治一八年）に、皇族・華族子女のための官立の教育機関として創立された華族女学校が前身ですが、その後、平民の入学も可能となり、学習院女学部と名を変えて、一九一八年（大正七年）、青山の広大な土地（今の秩父宮ラグビー場の場所）に校舎を移し、女子学習院となりました。

新しい学制が取り入れられ、小、中、高でなく前期（四年）、中期（四年）、後期（三年）と分けられ、入学は四月の春組と九月の秋組の年二回ありました。いずれも文部省令の規定にあったものですが、実施する学校が少なかったようです。学習院では、児童の発達段階に対応しているとして採用されたということでした。

試験に受かれば士族、平民を問わず、私は五月生まれなので、九月の入学秋組になったのです。私のクラスでは華族出身者は三分の一位でしたが、華族への特別扱いは何もなく、意識することはありませんでした。皇族は内親王が三人ほど通学しておられましたが、違いといえば女官がいつも付いていたことくらいでした。

三河地震のこと

澄枝の記憶によると、一九四四年一月のある日の昼間に岡崎を強い地震が襲いました。同月十三日の三河地震は文献によると午前三時半頃に起きており、食い違いがあります。前年十二月七日の昭和東南海地震は午後一時半過ぎに発生しており、そちらである可能性もありますが、震災後の野宿が続いていた一月二五日に特高が来ているので、時期的にはやはり一月中旬の地震ということになります。ここの記憶と公式記録のギャップは未解決です。(伸行記)

東京大空襲

豊島区千早町の家が焼けた空襲は四月の東京・城北大空襲と思われます。祖父・孝の収集した品々、父・好治の収集した美術雑誌、澄枝の愛用のピアノ、日記、その他の思い出の品々や家財道具とともに、千早町の家は全て焼けてしまいました。凄まじい空襲の中で家族の命が無事だっ

たことが不幸中の幸いでした。（伸行記）

家族旅行のこと

庸浩は子供たちを可愛がり相談にも乗り良いお父さんでしたが、なかなかの教育パパでもありました。伸行が二年生になる頃から、自分の出張先で仕事が終わると家族を呼んで、一緒に旅行し、帰ったらその旅行について作文を書くことを宿題にしたのです。最初は子供たちも嫌がってなかなか手をつけられないようでしたが、父親の威厳を感じるのか何とか作文に仕上げて写真や絵葉書を貼ったり、地図を添えたりして、なかなか良い旅行記が出来るようになりました。

連れて行く先が彼らしい選択で、合併して誕生した北九州市で真新しく真っ赤な若戸大橋や八幡の鉄鋼所の煙を見たり、知多半島の愛知用水の見学、東海道新幹線が開通すると一一月に大阪まで乗って大坂城を見て帰ったり、晴海の国際見本市、銚子の犬吠崎や銚子大滝などに参りました。

春休みや冬休みを利用しますが、夏休みは私の税理士試験が八月なので、試験勉強で相手にされなかった子供たちを慰労しようと、四〜五日の大旅行を計画し、東北ではリアス式海岸の自然や浄土ヶ浜、釜石製鉄所も、四国では足摺岬から室戸へ海亀の産卵する海辺、高知のはりまや橋や坂本龍馬の銅像など、山陰では宍道湖や出雲大社などなど、毎年のように家族旅行をして子供二人の旅行記も溜まりました。

最後になったのが一九七三年（昭和四三年）三月三〇日から四月三日までの瀬戸内海への旅行です。お父さんが、子供二人がそれぞれ志望の中学と高校に合格できたお祝いとして計画してくれたのでした。私と子供二人で東京から夜行列車で出発して、姫路からバスと水中翼船に乗り継ぎ小豆島の土庄に到着。そこで仕事を終えたお父さんに会い、それから一緒に旅行するというものでした。「二十四の瞳」で有名になった岬の分校にも行き、豊島（てしま）、本島（ほんじま）を回ってから四国に渡り、丸亀から水島の重化学工業地帯の見学、倉敷に寄り姫路からまた夜行列車で翌朝東京に帰るという強行軍の旅行になりました。

大切に保管してあった旅行記を、ようやく最近見つけて読むことが出来ました。安子や伸行の宝物になることでしょう。

庸浩は出張中の多忙の中から、留守の三人宛によく手紙もくれました。それには旅行記について「作文力がよくなるだけでなく、観察力や分析力も豊かな視野の広い旅行が出来るようになるのです」とありました。

東京税経新人会について

税経新人会は国民の権利擁護を明確に掲げた税理士の団体です。その理念、活動を記した規約の一部を掲載します。（これは東京税経新人会のものです。各地域に新人会があり、それぞれが税経新人会全国協議会に加盟しています。）なお、私は一九七六年（昭和五一年）に加入し、税理士を辞めた今も退会しておりません。

東京税経新人会規約（二〇一二年七月一四日改正）

第一条（名称）
この会は東京税経新人会（以下「本会」と言う）という。

第二条（事務所）
本会の事務所は、東京都台東区台東四丁目二六番九号　東京合同ビル六階に置く。

第三条（目的）
本会は、憲法にもとづく国民の権利を擁護する立場から、税制・税法・税務行政および会計学・会計実務等に関する研究を行いあわせて会員相互の親睦を図ることを目的とする。

第四条（事業）
本会は、前記の目的を達成するために次の事業を行う。
一　税制・税法・税務行政および会計学等に関する理論と実務の調査研究
二　研究会・討論会・講演会の開催
三　会報の発行および前2項の成果の発表と刊行

四　旅行・観劇・ゴルフその他親睦のための厚生事業
五　その他第三条の目的を達成するために必要な事業
第五条（会員）
本会の会員は、正会員および特別会員とする。
二　正会員は、税理士、公認会計士（以下「資格者」という）および税法・会計学の理論と実務に関心を持つ者とする。（以下略）

藍の会について

一九八三年（昭和五三年）七月、「労働市場における男女差別について」というテーマで著名な学者、広田寿子、下村愛子、入江信子先生を講師にお招きした講演会が開かれ、それを第一回として、「婦人労働研究会」が発足しました。私は、中心にいらした弁護士の増本敏子先生から話を聞いてすぐ入会させて戴きました。

その時集まったメンバーは敏子先生の津田塾大学の学友を中心に、多士多才のいろいろな分野で働く女性達で、女性の差別問題やその他社会問題に熱心な方々で時宜に適した問題を話し合って来ました。その後の入会者も含めて、出入りはありましたが、何時も問題意識を持って三六年になる今も継続して集まっています。婦人税理士は私の他、高野信子、粕谷晴江、伊藤佳江さん。

テーマは労働問題の男女差別に限らず、様々な分野で働く会員がいて、中学生の非行問題、年金のこと、婦人研究者の抱える問題、税制の問題点、福祉のこと、看護のことや、老齢化のことや、実態の報告を元に一緒に勉強するので、広い視野で社会の現実を捉えることが出来ました。また研究に限らず「男女差別定年」に裁判で闘う方の応援もしましたし、一九八七年（昭和六二年）政府の提案した「国家秘密法案」に関しては活発に反対運動に参加するなど実践的でした。活動の分野が広がったので、五年後に会の名前が「藍の会」となりました。

さらに、編集、出版を仕事とする仲間を会員に得て、『老後の幸せ安心ガイド』と『女たちのめざす老後』の二冊の本を彼女の経営する生活思想社から出版出来ました（本書も生活思想社にお世話になりました）。合宿もしましたし、旅行もしました。私にとってかけがえのない仲間たちです。

二〇一四年（平成二六年）の一月一三日、新宿の京王プラザで新年会があり車椅子で出席し、九〇歳のお祝いに花束を戴きました。私は政府の「秘密保護法案」の強行採決を受けて、戦中の治安維持法の犠牲者として、社会問題について疑問や勉強をすることさえ弾圧した国家の暴力について事実を話しました。

残念ながら亡くなられた会員もいらっしゃいます。税理士の高野信子さん、粕谷晴江さん、イスラームの世界に身を投じて、その真実を伝えて下さった文化人類学者の片倉もとこさんです。

何かにつけて思い出し感謝し、ご冥福を祈っています。

【書籍・寄稿・手記】

◆書籍（共著）

全国婦人税理士連盟編集『妻たちの税金（六三年改訂版）』ぎょうせい、一九八八年

全国婦人税理士連盟監修（朝倉洋子・市吉澄枝・井上和子・遠藤みち・世永明子共著）『九〇年改訂　妻たちの税金』ぎょうせい、一九九〇年

全国婦人税理士連盟編（市吉澄枝・遠藤みち他）『配偶者控除なんかいらない!?　―　税制を変える、働き方を変える』日本評論社、一九九四年

市吉澄枝・伊藤佳江・粕谷晴江・増本敏子『女性のための老後の幸せ安心ガイド　あなたを守る年金・税金・法律の知識』生活思想社、一九九七年

「一人暮らしの老中生活から」藍の会編著『女性のための老後の幸せ・安心ガイド2　女たちのめざす老後―はざま世代からのメッセージ』（生活思想社、一九九九年）収録

＊リタイアのこと、リタイア後の生活のことなど執筆。参加している「藍の会」の歩み、メンバー執筆手記が載る。

◆手記・寄稿

婦人公論井戸端会議78年「主婦は税金を知らなさすぎる」（青木茂、伊東光晴、市吉澄枝）『婦人公論』一九七八年四月特大号掲載

『灯は燃えつづけて―国民生活学院第一回同窓会の記録』一九八二年

市吉澄枝「トルストイの言葉」『税界展望』一九八二年一二月一五日

＊姑・アイの大往生とアイが書き付けていた「この瞬間を最善に生きよう」という言葉を紹介

市吉澄枝「「消費税」「女性」の視点から」『中央公論』一九八八年一〇月号掲載

槇　ゆう「戦争末期の治安維持法」（治安維持法犠牲者国家賠償要求同盟神奈川県本部編集「治安維持法は死んでいない―小選挙区制・海外派兵・憲法改悪を許すな―」『不屈』特別号（一九九一年）収録

国民生活学院同窓会『国民生活学院同窓生の記録と回想―戦時下人間尊重の女子教育―』一九九三年

市吉澄枝「土地改良区は誰のためのものか」『税経新報』二〇〇一年九月号収録

＊宮城県の不合理な土地改良事業と訴訟問題を取材報告

市吉澄枝（槇　ゆう）「犠牲者の証言Ⅱ」（治安維持法犠牲者国家賠償要求同盟『第一六回全国女性交流集会報告集（訂正・追加分）』二〇〇五年）

市吉澄枝（槇　ゆう）「戦争末期の治安維持法～私の場合～」（治安維持法犠牲者国家賠償要求同盟『第一六回全国女性交流集会報告集（訂正・追加分）』二〇〇五年）

市吉澄枝「シリーズ「もう一人の私」――今語ります私の原体験」『全国女性税理士連盟』二〇〇五年三月一〇日号

市吉澄枝「「高齢税理士」来し方そして現在」『税理士界』二〇〇九年五月一五日号

市吉澄枝「自衛隊のイラク派遣に「違憲判決」を下した名古屋高裁の判断について」『税経新報』二〇〇八年一〇月号

市吉澄枝「再び問う　土地改良区は誰のためのものか」『税経新報』二〇〇九年一一月号収録（二〇〇一年取材のその後）

市吉澄枝「憲法九条と日米同盟」『平和を守る税理士の会』二〇一〇年四月一五日号

市吉澄枝「終戦時の百合子さんと共に」月刊『不屈』神奈川版、二〇一一年八月一五日号

三浦康子「すねの傷」日本民主主義文学会神戸支部機関紙『文学こうべ』復刊第一〇号（通巻四一号）～日本民主主義文学会創立四〇周年記念号（二〇〇五年一一月二五日発行）収録

＊神戸在住の親友の税理士・三浦康子さんが澄枝の投獄談を聞いて短編小説に脚色したもの。澄枝の二歳年下の三浦さんは多趣多才な方で澄枝と意気投合し、よく手紙のやり取りをしていたが、惜しくも二〇一二年に交通事故で亡くなられた。

【取材記事】

佐藤むつみ「シリーズ とっておきの一枚　税理士・市吉澄枝先生」『法と民主主義』二〇〇八年一〇月号収録

平石朋子・新国信「シリーズ　先人に聴く　第三回　市吉澄枝会員」『税経新報』二〇一一年二月号収録

「太平洋戦争開戦六九年 治安維持法犠牲者 市吉澄枝さんにきく」『しんぶん赤旗』二〇一〇年一二月六日、ゆうＰＲＥＳＳ

「私は読書で逮捕された」『北海道新聞』二〇一四年一月一〇日付け

【参考文献・資料】

安江好治『遺稿集―故好治を偲びて』一九五三年

安江寿子『石蕗の花』（遺稿俳句集）一九九一年

『あ・り・が・と・う　―安江 淳さん　思い出文集』二〇〇〇年

安江 淳『道ひとすじに〜湘南の人々と』二〇〇三年

安江 淳編『ひたぶるに行く―市吉庸浩追悼文集―』一九八八年

明石博隆、松浦総三編『昭和特高弾圧史二―知識人に対する弾圧　下』太平出版社、一九七五年
＊三〇八ページに「安部澄枝」と誤字で記載あり。「学内劇サークル」とあるのは、その主宰の竹中昇氏から友人・知人を辿った先（芋づる式）ということで、サークルに関係はしていなかった。
三國一朗「連載「学歴日本」の深層研究～現代に脈打つ旧制〈高校・高専・大学予科〉青春風土記（六九）成蹊高等学校Ⅱ」『週刊朝日』一九七七年一一月一一日号掲載
＊市吉庸浩の成蹊時代の学生運動の様子について記載あり
大橋周治編『戦時下学生の抵抗運動―東大を中心とした―（一九三四～四五年）』ウニタ書舗、一九九二年
＊一四六～一五一ページに「学徒出陣の後に」と題する市吉澄枝の寄稿文を収録
斎藤晴子・村井てる子『人の世の旅人―岸本みつ子伝』一九八六年
＊岸本みつ子を研究テーマに取り上げた斎藤晴子氏の大学卒業論文を製本化したもの。村井てる子は岸本みつ子の妹。斎藤氏による市吉澄枝への取材記録も収録

市吉澄枝　年譜

年	年齢	出来事	世の中の動き
一九二三年（大正一二年）	〇歳	五月一九日、父・安江好治、母・千鶴の長女として東京府東京市麹町区中六番町（現在、千代田区四番町）に生まれる	九月、関東大震災
一九二五年（大正一四年）	二歳		五月、治安維持法施行
一九二九年（昭和四年）	六歳	一〇月、女子学習院入学（秋組）	一〇月、世界大恐慌始まる
一九三一年（昭和六年）	八歳	父が長崎に税関長として赴任、母も同行。祖父母と東京に残る 夏、東京から長崎まで一人旅	九月、満州事変
一九三七年（昭和一二年）	一四歳	夏、安江家、麻布区麻布霞町（現在、港区西麻布）へ転居	七月、盧溝橋事件 一二月、南京陥落、戦勝祝賀提灯行列

一九三八年（昭和一三年）	一五歳	一月、母・千鶴死去。四月、兄・淳、東京帝国大学経済学部入学	四月、国家総動員法
一九四〇年（昭和一五年）	一七歳	夏、兄と満州の父を訪問 九月、兄・淳、自宅で検挙 一〇月、市吉庸浩、山形で検挙	九月、日独伊三国軍事同盟成立
一九四一年（昭和一六年）	一八歳	四月、日本女子大学入学 夏、兄と満州の父を再訪	一二月、太平洋戦争始まる
一九四二年（昭和一七年）	一九歳	一月、安江家、豊島区千早町に転居。日本女子大学中退 四月、国民生活学院入学。兄・淳に召集令状 一一月より岸本みつ子さんとの読書会（〜一九四三年一月）	六月、ミッドウェー海戦、日本帝国海軍が大敗
一九四三年（昭和一八年）	二〇歳	二月、市吉庸浩、秋田にて応召	二月、ガダルカナル島から日本軍撤退
一九四四年（昭和一九年）	二一歳	三月、国民生活学院卒業。 三菱航空機製作所針崎工場に就職。 五月、父・好治、伊沢寿子と再婚	一〇月、学徒出陣壮行会（神宮外苑）

年	年齢	出来事	世の中の動き
一九四五年（昭和二〇年）	二二歳	一月一三日、三河地震 一月二五日、検挙され、千葉警察留置所に拘留される 七月七日、千葉空襲、留置所半焼 未決囚として千葉刑務所に移管 八月二四日、千葉警察から釈放され片瀬に帰宅 一〇月、自立会に参加。宮本百合子に誘われ、共産党婦人部に参加 「槇ゆう」の名前で活動始める 一二月、日比谷公会堂で「各政党の政策を聞く会」で演壇に（槇ゆう）	三月一〇日、東京大空襲 八月六日・九日、広島、長崎原爆投下 八月一五日、終戦
一九四六年（昭和二一年）	二三歳	一月、放送委員会委員に就任（槇ゆう） 二月、市吉庸浩と初対面 五月一二日、市吉庸浩と結婚 六月〜、庸浩、北海道へ派遣	一一月、日本国憲法、公布
一九四七年（昭和二二年）	二四歳	三月〜、肺尖カタルのため片瀬で療養 この頃、市吉家、中野区上高田へ転居	

一九四八年（昭和二三年）	二五歳	九月、日本共産党本部勤務	八月、大韓民国建国 九月、朝鮮民主主義人民共和国建国 一一月、東京裁判結審
一九四九年（昭和二四年）	二六歳	城西診療所勤務 庸浩、共産党東京都委員長に	一月、戦後初の総選挙 七月、下山事件
一九五〇年（昭和二五年）	二七歳	六月、庸浩、共産党公職追放後、地下活動強いられる	一月、コミンフォルム批判。共産党中央分裂、多数派が武装闘争へ 六月六日、マ司令官、共産党を公職追放 六月二五日、朝鮮戦争勃発 八月、警察予備隊設置
一九五一年（昭和二六年）	二八歳	七月、東京都保健婦資格取得 八月、庸浩、体力消耗のため、東京都委員長を辞任。庸浩を看病	九月、対日講和条約、日米安全保障条約
一九五二年（昭和二七年）	二九歳	一〇月、長女・安子出産	五月、血のメーデー事件

年	年齢	出来事	世の中の動き
一九五四年（昭和二九年）	三一歳	「お母さんクラブ」立ち上げ 庸浩、公認会計士二次試験に合格	三月、ビキニ環礁水爆実験 六月、自衛隊発足
一九五五年（昭和三〇年）	三二歳	三月、市吉会計事務所立ち上げ 六月、長男・伸行出産 九月、舅・市吉崇浩、習字塾開始 一〇月、庸浩、喘息大発作。子供たちも喘息発作	八月、第一回原水爆禁止世界大会開催 この頃より、高度経済成長始まる
一九五八年（昭和三三年）	三五歳	税理士試験、勉強開始	一〇月、東京タワー竣工
一九五九年（昭和三四年）	三六歳	税理士試験、受験開始 一二月、税理士試験、二科目合格	一月、キューバ革命 四月、皇太子結婚
一九六四年（昭和三九年）	四一歳	舌の血管腫手術 五月～六月、子宮筋腫手術で入院	九月、東海道新幹線開業 一〇月、東京オリンピック開催
一九六五年（昭和四〇年）	四二歳	一二月、税理士試験（五科目目）合格	二月、米国、ベトナム北爆開始

一九六六年（昭和四一年）	四三歳	二月、税理士登録 五月、庸浩と能登旅行（新婚旅行）	中国、文化大革命広がる
一九六八年（昭和四三年）	四五歳	四月、安子・高校、伸行・中学入学 四月、庸浩と青森旅行 七月二三日、庸浩急死	プラハの春 八月、ソ連軍、チェコスロバキアへ軍事侵攻
一九七〇年（昭和四五年）	四七歳	八月、中野区白鷺へ転居	六月、七〇年安保
一九七三年（昭和四八年）	五〇歳	ヨーロッパへ付加価値税の視察旅行	一〇月、第一次石油危機
一九七八年（昭和五三年）	五五歳	『婦人公論』四月号座談会出席	八月、日中平和友好条約
一九八〇年（昭和五五年）	五七歳	国民生活学院、同窓会開催	九月、ポーランドで「連帯」
一九八二年（昭和五七年）	五九歳	婦人税理士調査を実施	四月、フォークランド紛争
一九八三年（昭和五八年）	六〇歳	東京税経新人会会長就任（〜八五年）	
一九八五年（昭和六〇年）	六二歳	「平和を守る税理士の会」発足、参加	八月、日航機墜落事故
一九八八年（昭和六三年）	六五歳	『世界』に論文寄稿	一月、ソ連でペレストロイカ開始

年	年齢	出来事	世の中の動き
一九九三年（平成五年）	七〇歳	税理士・市吉澄枝事務所に税理士・伊藤佳江事務所が移転し同居（〜二〇一二年）	八月、非自民連立内閣成立
	七〇代	地域のボランティア、オカリナの会などに参加	
二〇〇三年（平成一五年）	八〇代	この頃から、高齢の顧問先とお付き合い	三月、イラク戦争 六月、有事三法成立
二〇一一年（平成二三年）	八八歳	米寿祝い会（事務所メンバー企画） 朝霞税務署の不当処分を撤回させる	三月、東日本大震災
二〇一二年（平成二四年）	八九歳	一月、転倒し、右脚大腿骨頸部骨折。河北総合病院入院 二月、リハビリ病院へ転院 七月、河北リハビリ病院を退院。自宅での車椅子生活始まる	一二月、総選挙で自民党が与党復帰（安倍内閣成立）
二〇一三年（平成二五年）	九〇歳	五月二六日、義弟・元一と共に卒寿祝う会	一二月、特定秘密保護法成立

本書が生まれた経緯、そして母について

市吉伸行（澄枝　長男）

もう五年以上前から、母に自分史を書いてはと勧めていました。母は、戦前、戦中、戦後と色々な経験をし、それを良く覚えており、大事な資料を保存していたので、まとまった人生史として、子である私の世代、次の世代、さらに後の世代へと伝えて欲しいと思ったからです。

できれば、戦前の社会風習や、国際情勢が緊迫して行く中での人々や女学生の日常生活、街の様子などにも触れてほしくもありました。母もその気になり、書き始めていましたが、税理士の仕事、その他の外出や人付き合いが多く、なかなか書きあがりませんでした。

そして、二〇一二年正月の突然の車内事故での大腿骨骨折。手術を断念しての車椅子生活となりました。家にいる時間は長くなりましたが、食事、トイレ等、生活所作に時間がかかり、リハビリや病院通いなどのため、「可処分時間」はかなり減りました。

それが、市吉家親戚会（卒寿の集まり）での最後の挨拶で、言い尽くせなかったことを是非伝えたいと熱心に書き下ろしたのが、本書の草稿となりました。かつて出版・編集の仕事をしていた義従兄の郷平さんが草稿を読んで面白いと評価し、協力をしてくださることになりました。私

は本文の校正、資料編と年譜の作成などをしました。

出版は、母が以前、『老後の幸せ安心ガイド』などの共著を発行させていただいた生活思想社が良いということでお願いしたら、快諾してくださりました。当初、百部程度の冊子を印刷して、親戚や親しい方々に配布することを想定していましたが、予想外の本格的な本の形を取ることになり、また、思いがけず多くの方々にお配りすることとなりました。

母の歩みを振り返ると、読書や自分自身の体験がもとになって、社会に目覚め、それが原動力となって学び、そして行動につながって行きました。その時その時になすべきことを自分で考え、出来る限りを一生懸命やってきました。その一方、本書にあまり書かれていませんが、仕事に忙しい年代でも、しばしば国内旅行や海外旅行をしたり、観劇に行ったり、ハンドベルの会に参加したりと、仕事と余暇のバランスが取れていたことに感心します。

母の日々の過ごし方を見ると、かなりの時間を色々な会（税理士の会や藍の会などのほか、同窓会やオカリナの会など沢山）での人と人との繋ぎ役やハブの役割をしたり、個人として付き合っている方々との手紙やＦＡＸのやり取りなどに使ってもいます。

自分の信じる道が決まっていて人に左右されないので、陰口や派閥とほとんど無縁でいられ、周囲の方々も気楽に付き合えたのでしょう。また、相手の選り好みをせず、オープンに人と接することができる資質は、税理士として相続などの相談をしたり、個人事業主や会社の方々とお付き合いする助けになっていたと思います。また、年長の方から可愛がられ、同志と共に活動し、年少の方から慕われ、幸せな人生だったと思います。

今年は日本敗戦七〇年の節目の年であり、色々な方向や立場から戦争が振り返られています。あの戦争は、反対者が権力者にとことん弾圧される中で推し進められたのであり、決して日本国民が自発的に選んだのではないこと、「五族協和」の現実は支配者・日本人が他民族の上に立って威張っていたということなど、母は実体験してきました。

その母の生きた証を埋もれさせず、本書を通して多くの人や後世に伝えられることになり、子としての責務を少し果たせた思いがします。

母をご存知の方でも、戦前・戦中・戦後の日々について初めて読まれ、驚かれた方も多いでしょう。

税理士を辞めた後のエンディングロールでプロローグが明かされたようなものかも知れません。母が人生の色々の場面でお世話になった方々、親しく交わりを持ってくださった方々が人勢おられる中で、本書で挙げられたお名前は多くありませんが、ご容赦いただきたいと存じます。

原稿の作成や見直しに何ヶ月もかかり、レイアウト・組版の作業がなかなか進められず、やきもきさせてしまった久留島郷平さん、そして最後をプロフェッショナルなご助言とお仕事で完成に導いてくださった生活思想社の五十嵐美那子さんに深く感謝いたします。

今の時代だからこそ、読んでほしい

久留島　郷平

私は、レイアウトと組版を担当しましたが、そのお陰で原稿を何度も読むことができました。

本書は、ご両親のことから、戦前の投獄、戦後の槇ゆう時代、結婚と安子さん伸行さんの誕生、そして最愛の庸浩さんとの別れ、女性税理士としての活躍と、文字通り波乱に満ちた人生を澄枝さん自ら書き記したものです。

女性を従属的な人格としか扱わない時代に、理不尽さに怒り、その原因を知るために勉強し、それがために投獄される中で、人間として成長していく姿は、深い感銘を与えてくれます。

また戦後、澄枝さんが、「槇ゆう」と言うペンネームで、日本共産党中央婦人部で活躍する姿は、新しい時代を開くために一身を投げうって奮闘する青春時代を生き生きと映し出しています。

今回、「槇ゆう」時代を詳細に記述するにあたって、澄枝さんも少し躊躇されましたが、澄枝さんだけでなく、日本の歴史の一部分として、是非とも書いておくべきと判断されました。文中に登場する人物は、その後、様々に評価されている方もいますが、それも歴史の重要な事実として読んで頂ければと思います。

最愛の庸浩さんについて、初恋の人であり、思想的にも人間的にも大きな影響を受け、更に夫として、安子さん伸行さんの父として大きな存在であったことを、改めて知ることが出来ました。

本書を通して、澄枝さんの経てきた戦前戦後の歴史を振り返り、平和と民主主義の価値を考えて頂ければと思います。「新京での体験」に出てくる「満州」は、一九一二年の辛亥革命によって大清帝国が滅んだ後、日本帝国が、中国東北部への侵略戦争を推し進め、一九三二年、大清帝国最後の皇帝・愛新覚羅溥儀（あいしんかぐら・ふぎ）を皇帝に祭り上げた傀儡国家でした。

今、他民族に対する差別的な言辞がまかり通り、日本が過去に犯した犯罪を語ることは非国民だと言わんばかりの言説が、大手マスコミからすら垂れ流され、再び天皇を元首とし、憲法九条を改悪する憲法改悪を、具体的な政治日程に載せるところまで来ています。

だからこそ、澄枝さんは若い人達に自分の生きてきた人生を知って欲しい、天皇制の下、国民を侵略戦争へ駆りたてた歴史を知って欲しいと考え本書を書かれました。そんな思いも是非、汲み取って頂ければと思います。

尚、表紙の澄枝さんを描いたクロッキーは、原爆の悲惨さを多く描いた丸木俊さんから片瀬でお訪ねした時描いてくださったもので、掲載にあたっては、現在、著作権を管理されている丸木ひさ子様から快く承諾を頂きました。

最後に澄枝さんの友人で、藍の会で長年活動を共にされた生活思想社の五十嵐美那子さんから、出版のご協力を頂きましたこと、深く御礼申し上げます。

まなび 愛 ひたむきに
私の歩んだこの道

2015 年 5 月 12 日　第 1 刷発行

著　者　市吉澄枝
発行者　五十嵐美那子
発行所　生活思想社
〒 162-0825 東京都新宿区神楽坂 2-19 銀鈴会館 506 号
電話・FAX　03-5261-5931
郵便振替　00180-3-23122

印刷・製本　新灯印刷株式会社

ISBN 978-4-916112-26-2 C0036